Kaufmann/Kauffrau für Büromanagement

Prüfungsvorbereitung kurz und knapp

Kundenorientierte Auftragsabwicklung

CHECK iT...

Personal-bezogene Aufgaben

Kaufmännische Steuerung

Heinrich Johannes Kehnen

Wirtschafts- und Sozialkunde

u-form Best.-Nr. 2701

Deine Meinung ist uns wichtig

Du hast Fragen, Anregungen oder Kritik zu diesem Produkt?
Das u-form Team und der Autor stehen dir gerne Rede und Antwort.

Einfach eine kurze E-Mail an
kehnen@kehnen.de
oder
feedback@u-form.de

4. Auflage 2026 · Bestell-Nr. 2701 · ISBN 978-3-95532-701-9

Titelblatt, Zeichnungen, Grafiken und Layout:
Barbara Kehnen Daten
www.kehnen.de

Mitarbeit und Lektorat: Manuela Chrostek

u-form Verlag, Hermann Ullrich GmbH & Co. KG
Cronenberger Straße 58 · 42651 Solingen
Telefon 0212 22207-0 · Telefax 0212 22207-63
Internet: www.u-form.de · E-Mail: uform@u-form.de

Inhaltsverzeichnis

Kundenorientierte Auftragsabwicklung

Personalbezogene Aufgaben

Kaufmännische Steuerung

Kaufmännische Steuerung

Wirtschafts- und Sozialkunde

(F)Index – Stichworte nach Alphabet

Hinweis

Sollte es für diese Auflage Aktualisierungen oder Änderungen geben, kannst du diese herunterladen unter:

www.u-form.de/addons/2701-2026.zip

Hier haben wir auch unseren praktischen **Prüfungsfragen-Leitfaden** für dich hinterlegt.

Das solltest Du wissen...

Die IHK-Prüfungen für Kaufleute für Büromanagement werden bundesweit am gleichen Tag zur gleichen Stunde von den Prüflingen geschrieben. Alle Prüflinge bearbeiten dabei die gleichen Aufgaben (bzw. zumindest die gleichen Themen, was Baden-Württemberg und einige andere Kammerbezirke betrifft).

Es war also sinnvoll, diese Aufgaben durchzugehen und auf Häufigkeiten zu überprüfen. Das Ergebnis liegt in diesem Miniaturbuch vor. Es wurde das wahrscheinlich dünnste Buch zur Vorbereitung - alles Prüfungsrelevante, aber befreit von allen Randthemen. Ich habe dieses System als Lehrer selbst erprobt. Über 30 Jahre Prüfungserfahrung, meist in zwei Kommissionen, Industrieklassen von 14 bis 40 Schülern, kein einziger Schüler durchgefallen, Gesamt-Einser immer im zweistelligen Prozentbereich (bis 33%!). Dann muss was dran sein an der Konzentration auf das Wesentliche. Aber, auch das muss ehrlicherweise gesagt werden, damit kann man nicht einfach eine Eins erreichen. Dazu gehören noch andere Dinge:

1. Im letzten halben Jahr vor der Prüfung solltest Du ALLE alten originalen Prüfungsaufgaben durcharbeiten. Deine Lehrer und/oder Ausbildungsbetriebe haben diese sicherlich gesammelt. Ansonsten wirst du auch im u-form Shop fündig.
2. Arbeite regelmäßig, also täglich! Auch samstags oder sonntags. Jeden Tag EINE HALBE Stunde Vorbereitung auf die Prüfung. Nur mit Aufgaben aus alten Prüfungen!
3. Bildet Mini-Gruppen von zwei bis drei Leuten und trefft euch zur Prüfungsvorbereitung mindestens einmal die Woche.
4. Nachdem du so dein Langzeitgedächtnis geschult hast, gehst du mit intensivster Anstrengung an die letzten sechs Wochen. Kündige deinen Freunden oder Freundinnen an, dass du sechs Wochen in Klausur bist. Arbeite MINDESTENS EINE Stunde pro Tag neben allen anderen zu erledigenden Aufgaben. Deine Freunde werden dich für verrückt erklären - aber gern mit dir den Schampus nach der gelungenen Prüfung schlürfen. Deine Eltern werden stolz auf dich sein. Und du wirst am Ende dir selbst gezeigt haben, dass du Unmögliches möglich machen konntest.
5. Dieses kleine Buch soll dir die zeitlichen Lücken füllen. Zugfahrt - Buch raus! Busfahrt - Buch raus! Beifahrer Auto - Buch raus! Strand - Buch raus! Arzttermin und Wartezeit - Buch raus! Wenn das Buch bei deiner Prüfung noch so aussieht, wie du es erworben hast, dann hast du etwas falsch gemacht. Hier kannst du markieren, ergänzen, Blätter rausreißen und über's Bett hängen, eigene Blätter erstellen (einfach eine Karteikarte DIN A6 benutzen!).
6. Erwischst du dabei ein Thema, das in dieses Buch gehören sollte, schick es uns. Sollten wir der gleichen Meinung sein, ist es bei der Neuauflage drin.
7. Sei am Tag der Prüfung überpünktlich! Denk im November auch an Wintereinbrüche! Lieber eine halbe Stunde vor der Prüfung in Warteposition als eine halbe Stunde zu spät! Keiner erhält einen Zeit-Nachschlag! Solltest du krank werden, melde das - aber in jedem Fall kannst du erst ein halbes Jahr später die Prüfung machen.

... und keine Angst vor der Prüfung!

8. Nimm Verpflegung mit: Thermoskanne, Süßigkeiten, Kekse, Obst.
9. Das führt immer wieder zu der Frage, ob man denn während der Prüfung zur Toilette darf. Sichere Antwort: Ja! Das ist das Grundrecht eines Menschen, das kann und darf dir nicht verwehrt werden.
10. Bei dieser Frage sollte auch geklärt werden, ob du ein Handy mitführen darfst: Nein! Für die Uhrzeit kann man auch einen kleinen Wecker oder sogar die Armbanduhr (Achtung: Aber KEINE Smartwatch) nehmen. Schalte dein Handy zur Sicherheit am besten ganz aus.
11. Personendurchsuchungen sollen auch schon mal vorkommen. Das ist aber ein Privileg der Polizei.
12. *Nur zur eigenen Wissensaneignung* empfehle ich allerdings das Anlegen von Karteikarten über die Themen, die du absolut nicht in den Griff bekommst. Zwänge HANDSCHRIFTLICH die wesentlichen Inhalte dieses Mörderthemas auf eine DIN-A6-Karte (das ist die Buchgröße), dann hast du bereits einen Erfolg. Du hast das Thema nämlich erfasst. Und damit benötigst du diese Karte ohnehin nicht mehr in einer Prüfung. Wenn du mit einzelnen Themen in diesem Buch Schwierigkeiten des Behaltens hast, dann schreibe in eigenen Worten einfach eine eigene Karteikarte. Du wirst sehen: Wer schreibt, der behält!
13. Und wenn du die kleinen Grafiken nicht so toll findest - die sind Ergebnisse von Tafelbildern, die ich während meines Unterrichtes als Auflockerung mit eingebracht habe. Also nicht von Picasso, sondern von Kehnen.

Viel Erfolg für die Prüfung!

Heinrich Johannes Kehnen

Am Tag vor der Prüfung checken, ob du deine Tasche ausreichend gepackt hast:

- ► Prüfungseinladung - Personalausweis
- ► Schreibgeräte - Kugelschreiber - Textmarker - Lineal
- ► Markierungsstreifen (gut klebend!)
- ► Taschenrechner (+ Reserverechner)
- ► Uhr zur Zeitkontrolle (aber nicht mit dem Handy!)
- ► Schutzengel von der Oma - Glücksbringer vom Freund
- ► Leckereien - Kaffee

So arbeitet man in der Prüfung!

- Die Lösungen der gebundenen Aufgaben müssen Sie in einen Lösungsbogen eintragen. Dafür muss zwingend ein Kugelschreiber benutzt werden.
- Schreibe deine Antworten möglichst erst an den Rand im Prüfungsheft und übertrage diese später in die Lösungskästchen. Wenn du nämlich noch korrigieren willst, wird das kompliziert: Du musst die alte Lösung mit dem Lineal durchstreichen und darunter die neue Lösung setzen. Sollte auch die verändert werden, frage am besten einen anwesenden Prüfer. Mehr Korrekturen sind nicht möglich!
- Arbeite nach dem Prinzip: Zunächst die Aufgaben erledigen, die man SICHER kann. Verbeiß dich nicht an einer komplizierten Stelle, dafür hast du keine Zeit. Markiere die noch zu lösende Aufgabe mit einem Markierungsstreifen. Entferne diese Streifen erst dann, wenn du die Aufgabe komplett gelöst hast. Dieses System lässt dich zu jedem Zeitpunkt sofort erkennen, wo du noch einmal ansetzen musst.
- Schreib leserlich – nicht nur bei den Zahlen der programmierten Aufgaben – sondern insbesondere auch bei den „offenen Fragen". Der Prüfer, der deine Arbeit korrigiert und beurteilt, ist auch nur ein Mensch. Stößt er auf Sauklauen oder Schnitzeljagden, wird er UNBEWUSST nicht so positiv eingestellt sein zu deinen Ausführungen, als wenn du sauber, ordentlich und nachvollziehbar arbeitest. Auch farbliche Unterschiede sind sinnvoll, etwa bei Grafiken. Du musst ja nicht zwingend die Korrekturfarbe Rot nehmen.
- Da du einen Taschenrechner benutzen darfst, leihe dir für den Tag deiner schriftlichen Prüfung noch einen Zweitrechner aus. Nichts ist dämlicher in der Prüfung, als wenn der Taschenrechner versagt, die Tintenpatrone leer ist oder der Tippex-Roller (nie bei programmierten Aufgaben benutzen!) nicht funktioniert.
- Bei Fragen wie „Nennen Sie 3 Arbeitsvertragspflichten" reichen drei Stichworte! Mach aber auf jeden Fall vor jeder Antwort einen Spiegelstrich. Damit sieht der Korrektor sofort, dass du die Aufgabe vom Umfang her gelöst hast.
- Wenn die Aufgabenstellung lautet „Begründen Sie...", dann solltest du in ganzen Sätzen antworten. Sind auch hier mehrere Gründe angefragt, gilt wieder, dass du mit Spiegelstrichen oder anderen Aufzählungszeichen arbeiten musst.
- Wenn 3 Argumente gefragt sind, darf man dann auch 4 Argumente bringen? Das ist nicht sinnvoll, denn du erhältst nicht mehr Punkte für mehr Nennungen. Zudem muss der Prüfer in der Reihenfolge deiner Nennungen bewerten und darf sich nicht die richtigen Antworten heraussuchen.
- Solltest du auf eine Aufgabe stoßen, die eine Rechnung erfordert, überschlage deine Rechnung probeweise. Hast du nur einen Rechenfehler, ansonsten aber mit dem Fehler alles richtig gerechnet und die richtigen Schlussfolgerungen gezogen, gibt es mit etwas Glück nur einen kleinen Abzug an Punkten.

Tipp: Auf Seite II findest du einen QR-Code zu unserem praktischen Prüfungsfragen-Leitfaden.

Unser Add-on für dich!

Auf einigen Seiten dieses Check iT wirst du **QR-Codes** bemerken. Diese leiten dich auf **zusätzliche Aufgaben** und **weiterführende Informationen** zu dem behandelten Thema.

So kannst du dein erworbenes Wissen direkt an konkreten Aufgaben (aus unseren Prüfungstrainern und Lernkarten) anwenden – und das völlig kostenlos!

Check iT out! :)

4-Ohren-Modell

Jeder übermittelt vier (4) Botschaften an seinen Partner über verschiedene Ebenen.
Hier ein Beispiel, das viele Modifikationen haben kann.

Sachebene Hier ist Tempo 30!	
Worüber informiere ich Dich?	*Was sagst Du mir?*
Selbstoffenbarungsebene	
Ich will keine Gefahren	*Ist doch alles frei*
Beziehungsebene	
Du fährst ganz schön arrogant	*Du kannst mich mal!*
Appell	
Fahre gefälligst langsamer	*Mache ich, sonst zeigst Du mich noch an!*

ABC-Analyse

Gesucht sind die Materialien, die einen geringen Mengenanteil, aber einen hohen Wertanteil am gesamten Beschaffungsvolumen des Unternehmens beanspruchen. Dazu erstellt man eine Tabelle, in der die eingekauften Mengen und die für diese Mengen ermittelten Werte aufgelistet sind.

Die A-Materialien gehen mit 20 % der Menge in das Produkt ein, kosten aber 75 % des Produkt-Materialwertes. Bei einem Einkauf über insgesamt 500 Mio € werden durch die A-Güter bereits 375 Mio € an Kapital gebunden.
Die B-Güter nehmen 30 % der Menge ein (50-20) und repräsentieren einen Wert von 15 % (= 75 Mio €).
Die große Masse der C-Güter umfasst 50 % der Menge eines Produktes, entspricht aber nur 10 % des Wertes des Gesamtproduktes (100-90).

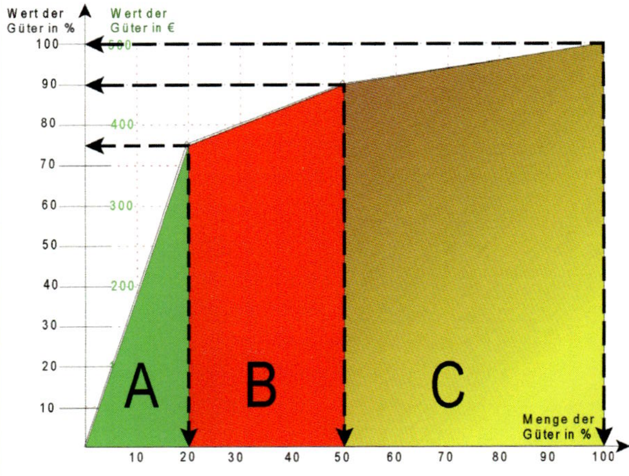

Folgerungen:

→ erzielt man bei A etwa 5 % Rabatt, hat man mehr eingespart als hätte man 10 % bei den C-Gütern erreicht.

→ Bei A höchstmöglichen Lagerumschlag anstreben, um die Kapitalbindung zu verringern – evtl. auch „just in time" einplanen und/ oder dem Lieferer ein Konsignationslager abhandeln (Güter werden erst nach Entnahme bezahlt).

→ besonders hohe Aufmerksamkeit bei der Liefererauswahl, dem Lieferersitz und der Beschaffungslogistik.

ABC-Analyse - Beispiel

Die K&K GmbH & Co. KG analysiert anhand der Verkaufszahlen des letzten Jahres, welche Produkte besonders wichtige Teile des Wareneinsatzes sind (= A-Güter mit rund 80 %), welche Produkte die nächsten 15 % ausmachen (= B-Güter) und welche Produkte in die Gruppe fallen, die weniger als 5 % des Wertes ausmachen (= C-Güter). Die vorgegebenen Werte werden in schwarz, die errechneten Werte werden in rot notiert. Rundungen sollen auf eine Stelle nach dem Komma erfolgen.

Artikel-Nummer (1)	abgesetzte Menge (2)	% der gesamten abgesetzten Menge (3)	Einstands-preis/Stck in € (4)	Wareneinsatz (WE) in € (= abges. Menge * Preis) (5)	% vom gesamten WE (6)	Rangfolge (höchste % = 1 usw) (7)	A - B oder C? (8)
1418	444	18,2	44,00	19.536,00	6,3	4	B
1419	255	10,4	12,00	3.060,00	1,0	5	C
1420	999	40,9	1,50	1.498,50	0,5	6	C
1421	333	13,6	155,00	51.615,00	16,7	2	A
1422	222	9,1	111,00	24.642,00	8,0	3	B
1423	188	7,7	1.111,00	208.868,00	67,5	1	A
Summen	2.441	100,0		309.219,50	100,0		

1. Spalte (3): 444/2.441*100 = 18,2 usw.
2. Spalte (5): Spalte (2) * Spalte (4) = 444 * 44 = 19.536 usw.
3. Spalte (6): 19.536/309.219,50*100 = 6,3 usw.
4. Spalte (7): Höchste % = 67,5 = 1. Rang usw.
5. Spalte (8): Zuordnung A, B oder C

Wir verkaufen zwar nur 188 Stück von 1423, setzen aber hier am meisten Kapital ein. Deshalb werden die Verhandlungen um den Einstandspreis besonders intensiv geführt werden müssen. Zudem werden wir nicht zu viel davon auf Lager legen, sondern den Bestellrhythmus verkürzen, die Mengen nach unten anpassen und den Mindestbestand klein halten. Dafür müssen wir nicht so viel Wert auf die C-Güter legen, aber B-Güter fördern.

Anfrage und Angebot

Angebot

Gesetz	Verbindlichkeit	Ausschlüsse	Bestandteile
A muss *verbindlich* sein A muss die *wesentlichen Vertragsbestandteile* enthalten, z. B. Sache, Preis A muss an *eine* Person gerichtet sein, nicht an die Allgemeinheit *Schaufensterauslagen, Werbeanzeigen, eigene Werbeblätter* o.ä. sind deshalb *keine Angebote*. Hinweis: Im SB-Laden macht der Kunde an der Kasse den *ersten* Antrag!	Ein Angebot ist verbindlich, *bis es* vom Empfänger *abgelehnt wird* oder nicht innerhalb der *Annahmefrist* angenommen wird. **Fristen:** ▶ Verkaufsgespräch-Ende ▶ Telefonat-Ende ▶ Brief - einige Tage ▶ Mail - ca. 1 Tag Hinweis: Bei Angeboten unter Abwesenden (also per Mail, Brief) gibt es keine festen Fristen. Es müssen Übermittlungs- und Überlegungszeiten berücksichtigt werden.	Der Verkäufer kann die Verbindlichkeit des Angebotes ausschließen durch Freizeichnungsklauseln: ▶ „freibleibend" ▶ „unverbindlich" ▶ „solange Vorrat reicht" ▶ „gültig bis zum..." ▶ „ohne Obligo" Hinweis: Die daraufhin erfolgte Bestellung ist dann der *erste* Antrag, diesen müsste der Verkäufer erst noch annehmen, um zwei übereinstimmende Willenserklärungen zu schaffen und damit einen Vertrag!	▶ Bezeichnung des Kaufobjektes ▶ Beschreibung ▶ Qualität, Maße, Farbe usw. ▶ der Preis ▶ Rabatte, Skonti, Boni ▶ Zahlungsbedingungen ▶ Lieferungsbedingungen ▶ Fracht - Verpackung ▶ Eigentumsvorbehalt ▶ Gerichtsstand ▶ Erfüllungsort

Anfrage

Eine Anfrage ist ***immer unverbindlich***. Sie stellt ***keine erste Willenserklärung*** zum Abschluss eines Vertrages dar! Sie enthält die gleichen Inhalte wie ein Angebot, also z. B. Angaben über die Sache, den Preis, die Qualtiät.

Bedarfsdeckung

Bestellpunkt-Verfahren

Beim Bestellpunktverfahren wird immer dann eine Bestellung ausgelöst, wenn der Meldebestand erreicht wurde. Bei jedem neuen Lagerabgang wird überprüft, ob der Meldebestand erreicht wurde.

Formel: MeldeB = Mindestbestand + Verbrauch/Tag · Lieferzeit

Vorteile:

- kurzfristige Bedarfsschwankungen können schnell berücksichtigt werden
- Mindestbestand kann an Lieferfähigkeit des Zulieferers angepasst werden, damit geringe Kapitalbindung

Nachteile:

- Näherungswerte (Durchschnitte beim Verbrauch) können Fehler bedingen
- Lieferer müssen bereit sein, immer unterschiedliche Mengen (Höchstgrenze verschiebbar) zu unterschiedlichen Zeiten (Tagesverbrauch verändert sich) zu liefern. Dies ist bei Preisverhandlungen ein Hindernis.

Bestellrhythmus-Verfahren

Beim Bestellrhythmusverfahren werden die Bestellungen in festgelegten Zeitintervallen durchgeführt. Dabei können die Bestellungen variabel sein oder auch feste Größen (s. Abb.) haben.

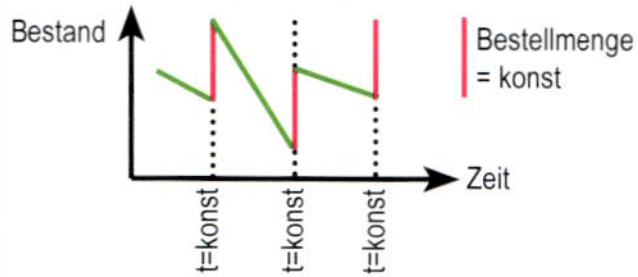

Bei dieser Konstellation kann es sehr schnell passieren, dass zu viel oder zu wenig Material auf Lager liegt. Das führt entweder zu Fehlmengenkosten oder zu erhöhten Kapitalbindungskosten. Auch wenn die Bestellmenge variiert wird, müsste eine Obergrenze eingeführt werden, die maximal auf Lager liegen darf. Der einzige Vorteil ist die Verhandlungsbasis beim Einkauf. Sobald sich die Absatz- und Produktionszahlen von Monat zu Monat ändern, ist dieses System nicht gut.

Just in Time

Erläuterung:

- Bei Just in Time (JIT) werden die Materialien fertigungssynchron angeliefert. So werden bei der Produktion des Autos die Sitzpolster erst angeliefert, wenn sie eingebaut werden.

Voraussetzungen:

- beste Infrastruktur
- große Mengen
- hohe Umschlaghäufigkeit der Güter
- Vertrauen in den Lieferanten
- Flexibilität des Lieferanten
- optimaler Informationsfluss auf EDV-Basis

Vorteile:

- Kosteneinsparungen (Lager, Kapitalbindung, Personal, Transport)
- weitere Verkürzung der Produktionszeiten
- technischer Fortschritt kann vom Lieferer eingekauft werden

Nachteile:

- Risiko Produktionsausfall groß
- Abhängigkeit vom Lieferer
- Liefererabhängigkeit vom Besteller
- große Abhängigkeiten bei den Preisen sowohl beim Lieferer als auch beim Besteller
- Wechsel des Lieferanten sehr schwer
- Viele Lager verlagern sich auf die Straße

Beschaffungsplanung

Wann ?

- ▶ in regelmäßigen Zeitabständen → bei konstantem Absatz
- ▶ wenn der Meldebestand erreicht ist → bei unregelmäßigem Absatz
- ▶ wenn das Warenwirtschaftssystem ausrechnet, dass in x Tagen Nachschub benötigt wird
- ▶ wenn Saisonwechsel bevorstehen (Mode)
- ▶ wenn Jahreszeitenwechsel oder Ereignisse bevorstehen (Winter/Sommer, Weihnachten/Ostern...)
- ▶ wenn die Renner-Penner-Liste es fordert
- ▶ wenn Limits unterschritten werden
- ▶ wenn ein Kauf-auf-Abruf-Vertrag ausläuft

Was ?

- ▶ nach den Absatzstatistiken der Vormonate oder Vorjahre
- ▶ nach der Renner-Penner-Liste
- ▶ nach der Kundennachfrage
- ▶ nach den neuesten Trendmeldungen
- ▶ nach den Jahreszeiten
- ▶ nach bevorstehenden Feiertagen oder Ereignissen (Halloween, Valentinstag, Muttertag, Vatertag, Karneval und vom Marketing neu zu erfindende Anlässe)

Wie viel ?

- ▶ nachfrageorientiert, nach den Absatzstatistiken
- ▶ optimale Bestellmenge, die am Minimum der Gesamtkosten von Lager- und Bestellkosten liegt (Jede Bestellung kostet einen bestimmten Satz an Arbeit und Zeit)

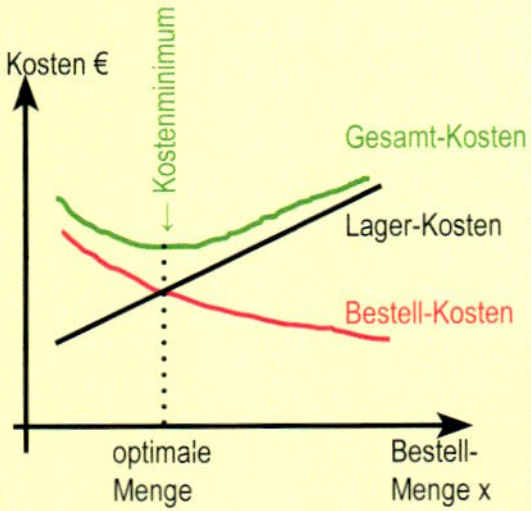

Nach-/Vorteile Bestand

- ▶ **Nachteile** durch hohen Bestand
  - → hohe Lagerkosten (Stellflächen, Raumkosten, Pflege...)
  - → erhöhtes Risiko durch Verderb, durch Modeschwankungen, durch technische Veralterung
  - → hohe Kapitalbindungskosten
- ▶ **Vorteile** durch hohen Bestand
  - → immer verkaufsbereit
  - → Ausnutzen hoher Rabatte
  - → Sonderangebote nutzen
  - → geringere Transportkosten

Wo?

siehe Seiten 16 + 17 „Lieferantensuche“ und „Lieferantenbewertung“

Beschwerdemanagement
Reklamationen bestens handhaben

Warum?	direktes Beschwerdemanagement bezieht sich auf die Kunden	indirektes Beschwerdemanagement soll die Produkt-Qualität steigern
→ Kunde will ernst genommen werden → Unternehmen will gutes Image bewahren → Wir dürfen keine unzufriedenen Kunden schaffen → Wir wollen ein positives Feedback → Wir müssen in der Produktion/ Produktqualität/Auftragsabwicklung Verbesserungen durchführen → Wir müssen uns durch ständige Verbesserungen einen Kundenstamm schaffen → Eine Vertrauensbasis wird zwischen uns und dem Kunden gelegt → Alle Kundenreklamationen werden zur Zufriedenheit gelöst	Beschwerde wird eingereicht → *keine verbiesterten, sondern stets freundliche Mitarbeiter mit dem Hang zur zufriedenstellenden Lösung sind gefragt* → *Zuhören, ernst nehmen, auch Emotionen ertragen, im Internetgeschäft zeitnah antworten* → *auf Sachebene kommen, aber nicht schulmeisterlich, Wunsch ermitteln* ↓ Beschwerde wird bearbeitet → *mit sachlicher Ruhe, im Ton verbindlich* → *im Zweifel für den Beschwerdeführer* ↓ Unsere Beschwerde-Reaktion → *Entschuldigung für die Umstände, Lösung besprechen*	Auswertung der Beschwerde → *Ermittlung des Beschwerdegrundes auf sachlicher Basis, Dokumentation des Fehlers und der Fehlerquelle* ↓ Controlling → *z.B. Abschätzen, ob mehr Kontrolle [€+] oder mehr Fehler [€+] sinnvoll sind (Kosten-Nutzen-Controlling)* ↓ Reporting → *Dokumentation weiterleiten an Produkt-Entwickler oder an Personalabteilung bei Dienstleistungen (evtl. Schulungen)* ↓ Info-Pool → *gesammelte Erfahrungen in einen Pool eingeben, um spätere Beschwerden leichter bearbeiten und lösen zu können*

Bezugskalkulation
Kalkulationsschema

Berechnung des Bezugspreises

Bezeichnung	Prozent	Euro
Listeneinkaufspreis		444,44
- **Ra**batt	25	-111,11
= **Zi**eleinkaufspreis		333,33
- **Sko**nto	3	-10,00
= **Bar**einkaufspreis		323,33
+ **Be**zugskosten		+16,67
= **Be**zugspreis		340,00

Man kann sich die Reihenfolge merken über folgende Brücke:

Lira Zisko bar BeBe

Überlegungen

In vielen Fällen werden die Angebote verglichen, um den preisgünstigsten Anbieter zu ermitteln. Aber der Günstigste ist nicht immer der Beste. Es zählen auch:

- gelieferte Qualität
- Liefertermin (Flexibilität)
- Liefertreue
- Mindestabnahmemengen
- Abrufaufträge möglich?
- Gegengeschäfte
- Lieferentfernung (D - Europa - Übersee?)
- Liefersicherheit
- QS-zertifiziert?
- Öko-Ansprüche erfüllt?

Bezugskalkulation
Angebotsvergleich: Angebote

Lichterketten Eddi Dussel

....

Angebot

Sehr geehrte Frau Lavendel,
gern bieten wir Ihnen aufgrund Ihrer Anfrage folgende Lichterketten freibleibend an:

Pos	Bestell-nummer	Artikelbeschreibung	Preis pro Stück €
1	1265	LED Mini-Lichterkette - Indoor 10-teilig-warmweiß-Kabel grün-Länge 2,75m-Gewicht 1 kg	3,60
2	3399	LED Lichterkette in/out mit 80x Warmweiß - 25,40m - Kabel grün - Gewicht 4,5 kg	17,30

Alle Preise zuzüglich 19 % Umsatzsteuer.
Zahlungsbedingungen: 2 % innerhalb 10 Tagen, 30 Tage netto
Lieferzeit: 4 Tage - Transportkosten: pauschal 125,- €
Rabatt: ab 1.000 € Netto-Warenwert 2 % - ab 1.500 € - 4 %

Wir würden uns freuen, wenn Ihnen unser Angebot zusagt......

Leuchten Lucia Lichter

....

Angebot

Sehr geehrte Frau Lavendel,
hier ist unser Angebot über verschiedene Lichterketten im Indoor- und Outdoor-Bereich:

Pos	Artikel-nummer	Artikelbezeichnung		Preis pro Stück €
1	8652	LED Mini-Lichterkette - Indoor		3,90
		10-teilig-warmweiß-Kabel grün-	ab 100	3,70
		Länge 2,85m-Gewicht 1,1 kg	ab 500	3,40
2	2347	LED Lichterkette Outdoor mit		21,30
		80x Warmweiß - 26,10m -	ab 50	19,90
		Kabel grün - Gewicht 5 kg	ab 100	18,10

Auf die Preise müssen 19 % MwSt gerechnet werden!
Wir liefern innerhalb von 10 Tagen frei Haus!
Zahlungsbedingungen: 4 % bei Zahlung innerhalb von 8 Tagen,
sonst netto innerhalb von 60 Tagen.

Wir freuen uns auf Ihre Bestellung! .....

Bezugskalkulation
Angebotsvergleich: Berechnung

für eine Bestellung über 100 Stück LED-Indoor und 50 Stück LED-Outdoor

Angebot Lichterketten Eddi Dussel		
Bezeichnung	Prozent	Euro
Listeneinkaufspreis		
Pos 1 - 100 Stück zu 3,60 €		*360,00*
Pos 2 - 50 Stück zu 17,30 €		*865,00*
zusammen		1.225,00
- **Ra**batt	2	24,50
= **Zi**eleinkaufspreis		1.200,50
- **Sko**nto	2	24,01
= **Bar**einkaufspreis		1.176,49
+ **Be**zugskosten		125,00
= **Be**zugspreis		1.301,49

Angebot Leuchten Lucia Lichter		
Bezeichnung	Prozent	Euro
Listeneinkaufspreis		
Pos 1 - 100 Stück zu 3,70 €		*370,00*
Pos 2 - 50 Stück zu 19,90 €		*995,00*
zusammen		1.365,00
- **Ra**batt	---	0
= **Zi**eleinkaufspreis		1.365,00
- **Sko**nto	4	54,60
= **Bar**einkaufspreis		1.310,40
+ **Be**zugskosten	frei	0
= **Be**zugspreis		1.310,40

Wenn wir ausschließlich nach dem Preis gehen, werden wir bei Eddi Dussel bestellen. Wir können noch weitere Kriterien einfordern: ► gelieferte Qualität ► Lieferentfernung ► QS-zertifiziert? ► Öko-Ansprüche erfüllt? ► Haben wir gute/schlechte Erfahrungen? In jedem Fall aber sollten wir hier nachverhandeln. Wir rufen etwa Lucia Lichter an, um nachzufragen, ob sie noch etwas am Preis machen kann. Aber auch Eddi Dussel sollte angerufen werden, damit auch er noch z.B. bei den Bezugskosten runtergeht - oder aber beim Skonto höher. Möglicherweise handelt man auch über Nachfolgeaufträge mit dann bereits besseren Konditionen....

Bonitätsprüfung – Sicherung der Forderung

Infos über Bonitäten bei	Sicherungen	Erläuterung/Beispiel
1. Bankauskunft	» Vorkasse	▶ gängige Methode beim Internethandel, gut bei Erstgeschäften, unsicheres Ausland
2. Auskunfteien wie – Schufa	» Bankbürgschaft	▶ Avalkredit, die Schuldner-Bank ist Bürge
– Creditreform	» Akkreditiv	▶ *siehe Dokumentenakkreditiv (eigene Seite)*
– CRIF	» Eigentumsvorbehalt	▶ einfacher ETV: Sache bleibt bis zur endgültigen Bezahlung Eigentum des G(läubigers) verlängerter ETV: Sache bleibt auch nach Weiterverkauf oder -verarbeitung Eigentum des G
3. IHK 4. Handelskammern im Ausland	» Sicherungs-übereignung	▶ S(chuldner) wird Besitzer (z. B. Auto)[Maschine] - und kann damit fahren [produzieren], G wird Eigentümer (Brief bei der Bank)[Papiere bei der Bank]
5. Behörden bei Exportunsicherheit	» Pfandrecht	▶ bei Immobilien: Hypotheken (gebunden an spezielle Forderung) und Grundschuld (ungebunden) - bei Mobilien übergibt der S dem G ein Pfand (z. B. Anteilpapiere an Dritten)
6. Ausländische Konsulate	» Bürgschaft	▶ Ausfallbürgschaft, so gut wie nie in der Wirtschaft selbstschuldnerische Bürgschaft - Bürge haftet wie der Schuldner, hat also keinen Anspruch darauf, dass der G erst zum S geht. Juristisch heißt das, der Bürge habe „keine Einrede zur Vorausklage".
7. Bankauskunft der Schuldnerbank (geht nur mit Zustimmung des Schuldners)	» Abtretung/Zession	▶ Der S tritt Rechte wie z. B. Lebensversicherungen an den G ab. Bei der Zession tritt der S seine Forderungen an den G (Bank) ab. Weiß davon jeder, ist das eine offene Zession, sonst eine stille Zession.
	» Versicherungen	▶ private Kreditausfallversicherungen oder auch staatliche (sog. Hermes-Deckung) bei besonderen Auslandsgeschäften
8. Internet - ‚googlen' - Zeitungsberichte beachten!	» Exportfactoring	▶ Verkauf der Forderung z. B. an die Bank, die nach entsprechenden Abschlägen auch das Risiko des Zahlungseingangs übernimmt
	» Forfaitierung	▶ Verkauf der Forderung wie oben, Länderranking treibt Zinsen nach oben und unten

Eingangskontrolle

12

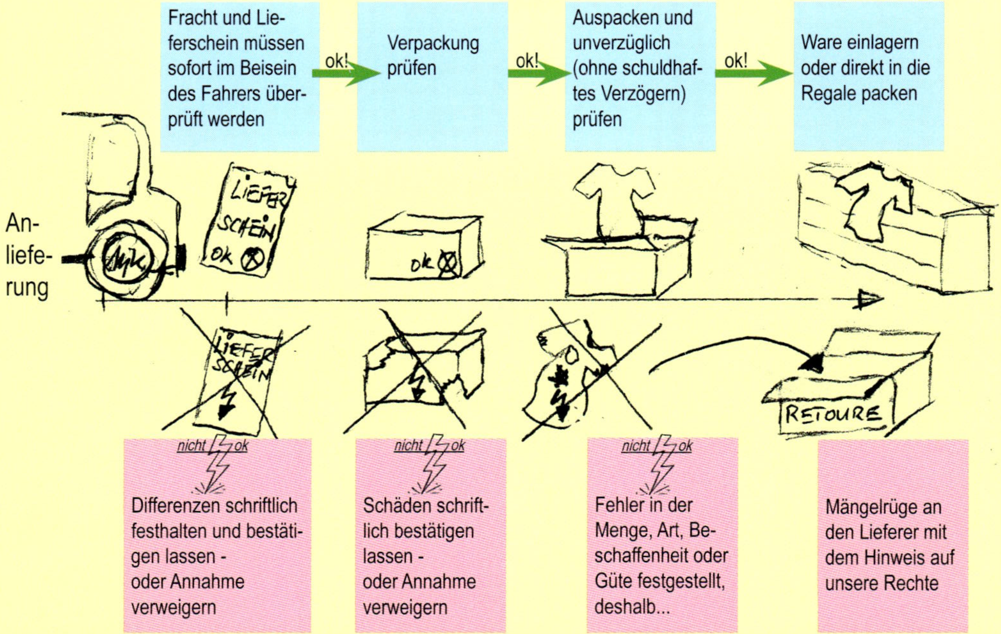

Erfüllungsort und Gerichtsstand (gesetzliche Regelung)

▶ Warenschulden sind immer Holschulden, Ware muss immer abgeholt werden, sonst fallen die Versandkosten stets dem Käufer zur Last.

Erfüllungsort ist immer am Sitz des Schuldners

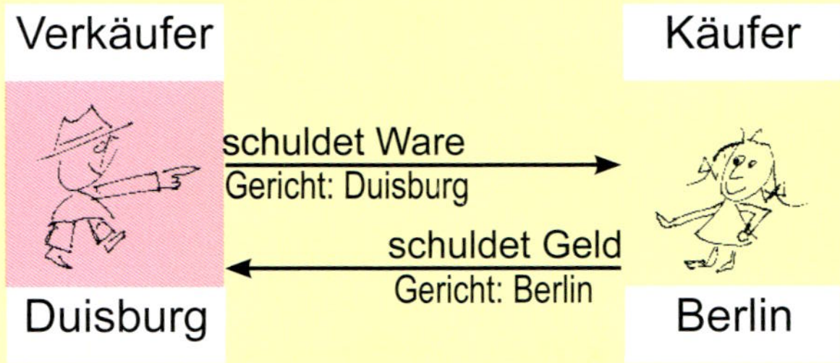

Gerichtsstand ist immer am Erfüllungsort

▶ Geldschulden sind immer Bringschulden, Geld muss auf Kosten und Gefahr des Käufers an den Verkäufer geschickt werden.

Mahnbescheide werden immer am eigenen Ort beim Amtsgericht beantragt. Legt der Schuldner Widerspruch ein, kann Klage eingereicht werden:
Klagesumme bis 5.000 Euro* ⟶ Amtsgericht
Klagesumme über 5.000 Euro ⟶ Landgericht
*(Hinweis: Erhöhung auf 8.000 Euro geplant)

Der **Gefahrenübergang** ist ebenfalls am Erfüllungsort. Das gilt nicht für Versendungskäufe (Fernabsatzgeschäft lt. BGB). Hier geht die Gefahr für den Käufer erst beim Empfang der Ware auf ihn über.

14

ERP-Techniken

Enterprise Resource Planning

umfasst möglichst alle Prozesse, die aufeinander abgestimmt und automatisiert sind, z.B.

Lagerverwaltung
- lagern
- Routenplanung
- Mengenplanung optimieren

Personalplanung
- Recruiting
- Urlaub
- Entwickung
- Schulung

Daten aller Bereiche verknüpft
Bereiche nur beispielhaft

Projektmanagement
- planen
- kalkulieren
- überwachen
- nachkalkulieren

Finanzabteilung
- Kapital planen
- Geldströme planen
- Rechnungswesen

Vorteile
- abgestimmte Nutzung aller Bereiche
- Zugriff in Echtzeit
- keine Probleme bei Schnitt-stellen
- ‚aus einer Hand' ergibt weniger Probleme und spart Zeit

Nachteile
- starke Bindung an das ERP-Unternehmen
- dadurch unflexibel für Wechsel auf neuen Anbieter

Frage-Kommunikations-Techniken

geschlossene Fragen	**offene Fragen**	**Frage-Varianten**
ja / nein - Möglichkeit = Lenkungs- oder Kontroll-frage	w-Fragen: - wer - wie - was - wann - wo - wieso - warum - weshalb	Einstiegsfragen - *möglichst leicht und vertrauenschaffend* Begründungsfrage - *egal, was der Befragte sagt, wir wollen wissen,* ***warum*** *er zu diesem Schluss kommt* Rückfrage - *nachfragen, wenn etwas nicht ganz verständlich gesagt wurde* hypothetische F. - *hat der Befragte viel Phantasie?* Vergleichsfrage - *hat der Befragte Mut zu Entscheidungen?* paradoxe Frage - *was tun, um etwas scheitern zu lassen → führt oft zu positiven Erkenntnissen* rhetorische Frage - *soll* ***eigene*** *Meinung unterstreichen* suggestive Frage - *unterstellt schon eine vorgefertigte Meinung* und andere wie - Killerfrage - alternative Frage - lösungsorientierte Frage....
Die Fragen führen zügig zu einer neuen Frage und damit schnell zu einem Ergebnis.	Dieser Fragetyp lässt dem Befragten mehr Raum für eine ausführlichere, erzählerische Antwort	

verbale Kommunikation

→ Sprache (einschl. Gebärdensprache und Codesprachen wie Morsen, Flaggensprache, Trommeln...)
→ Schrift(sprache)

non-verbale Kommunikation

umfasst >80% der gesamten Kommunikation

- oft viel wichtiger als die verbale Darstellung
- Mimik = Gesichtsausdruck: hier gibt es tausende verschiedene
- Gestik = Bewegung der Arme und Hände
- Haltung = z.B. laxe oder soldatische
- Äußere Erscheinung wie Kleidung, Schmuck, Frisur, Make-up

paraverbale Kommunikation

→ Sprechart wie Hochdeutsch, leicht landestypisch geprägt, Sprachmelodie
→ Sprechweise wie laut und leise, hoch oder tief, Tempo, Stimmlage

Lieferantenbewertung

Auswahlkriterien

- Preis
- Lieferbedingungen
- Liefererentfernung (D - Europa - Übersee?)
- Liefertermin (Flexibilität)
- Liefertreue
- Liefersicherheit/-zuverlässigkeit
- gelieferte Qualität
- Garantien
- Beratung
- Image
- Flexibilität bei Produktänderungen
- Innovationsfähigkeit
- Mindestabnahmemengen
- Abrufaufträge möglich?
- Rahmenverträge möglich?
- Gegengeschäfte - Kooperationen
- After-Sales-Service
- QS-zertifiziert?
- Öko-Ansprüche erfüllt?
- ....

Bewertungsschema (Beispiel)

Kriterium	Lieferanten				
	maximal	A	B	C	D
Qualität	10	9	9	10	8
Preis	10	8	10	7	7
Zahlungsbedingungen	3	2	2	3	1
Lieferbedingungen	5	4	5	3	3
Zuverlässigkeit	7	6	5	7	5
Beratung	8	2	5	4	4
After-Sales-Service	6	6	5	6	4
Flexibilität	5	3	3	5	3
Zertifizierungen	6	3	6	6	3
Rahmenverträge	6	0	4	5	5
Image	4	3	4	4	2
Summen	**70**	**46**	**58**	**60**	**45**

Lieferantensuche

konventionell

- ABC der deutschen Wirtschaft
- Gelbe Seiten
- IHK
- eigene Lieferantendateien
- Vertreterberichte - Berichte unserer Reisenden
- Verbandsempfehlungen
- Anfrage schreiben (Mail, Brief)

Internetsuche

- allgemeine Produktsuche über Google o.ä.
- Einengung der Suche durch Spezifizierung des Produktes
- Einengung der Suche durch Anforderungen u.o. Ort
- Bitte um Kontaktaufnahme oder
- konkrete Beschreibung der Anforderung über die Anbieter-seite
- Angabe über das eigene Unternehmen
- variable Inhalte durch Screenshot sichern
- ....

ständige oder wechselnde Lieferanten?

Vorteile für **ständige** Lieferanten:

- Kosteneinsparung durch wenig Ausschreibungen
- genaue Abschätzung der Qualität
- hohes Maß an Sicherheit der Lieferung

*Nachteile für **ständige** Lieferanten:*

- *mögliches Verpassen innovativer Produkte*
- *kaum Preisvergleiche möglich*
- *man wird bequem*

Vorteile für **wechselnde** Lieferanten:

- immer im optimalen Preissegment
- Innovationen können geprüft werden
- Lieferanten 'ruhen sich nicht aus'

*Nachteile für **wechselnde** Lieferanten:*

- *nicht immer die gleiche Qualität*
- *Lieferunsicherheiten möglich*
- *viel Bürokratie bei oft ärmlichen Ergebnissen*

Mahnverfahren

18

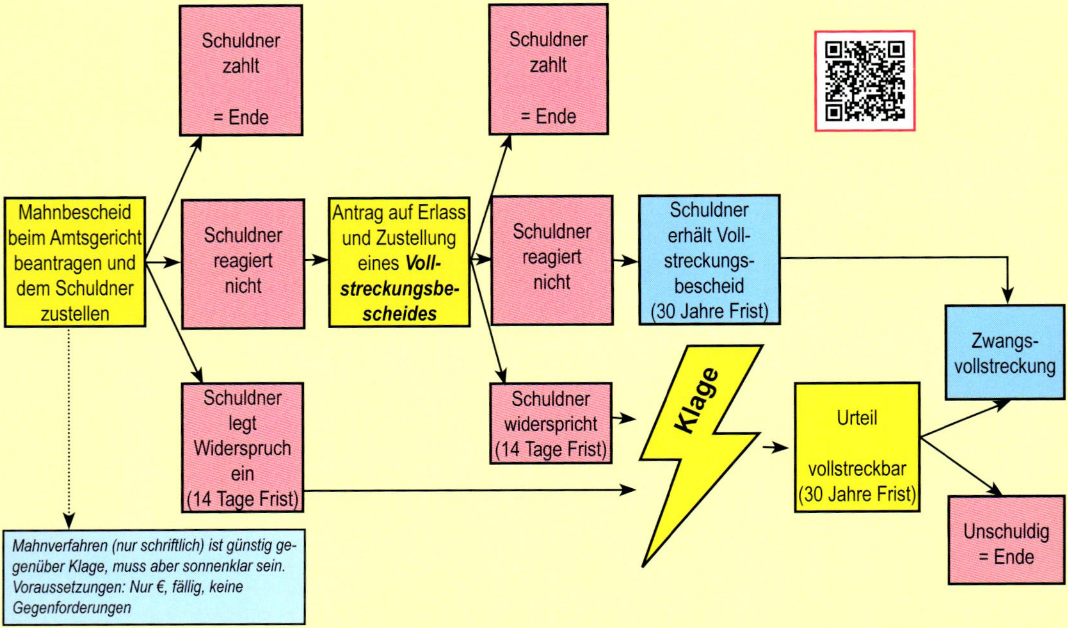

Marktforschung

Primärforschung = Field Research

Befragung
(persönlich, telefonisch, schriftlich, EDV-gestützt)
Beobachtung (auf dem Feld, im Labor)
Experiment (Markttest, Storetest, Studiotest)
Panelforschung
(= personenidentische Mehrfachbefragung)

Sekundärforschung = Desk Research

Informationen aus/von:
Staatlichen Institutionen
(Statistisches Bundesamt...)
Websites
Patenten
Fach-Presse, Elektronische Medien (E-Zines)
Fachbüchern, Dissertationen, Diplomen

Marktbeobachtung

Hier wird über einen längeren Zeitraum
- → die Marktentwicklung (‚Konjunktur‘ für einzelne Güter)
- → die Entwicklung der Konkurrenz
- → die Entwicklung unserer Anbieterseite
- → die Entwicklung des Käuferverhaltens beobachtet

Marktanalyse

Hier ist nur eine punktuelle Untersuchung des Marktes gemeint:
- → wie hoch ist mein Marktpotential für (neue) Produkte?
- → was macht die Konkurrenz?
- → gibt es Konkurrenzprodukte (Substitution)?
- → Zielgruppen-A, Wettbewerbs-A, Trend-A, Kaufkraft-A.....

Forschung selbst machen?

- → Fachwissen bleibt firmenintern
- → Ergebnisse bleiben firmenintern
- → mögliche Datenbestände bereits nutzen (Lieferer, Kunden)
- → Fragestellung richtig - oder eingefärbt?
- → Personal muss über langen Zeitraum freigestellt werden
- → bei Firmengründung unbedingt erforderlich

Forschung fremd vergeben?

- → teuer
- → Fachleute generieren geeignete Fragen
- → Fachleute werten die gewonnenen Daten sinnbringend aus
- → eigenes Personal wird für „erlernte“ Tätigkeiten eingesetzt
- → klar definiertes Gebiet, eindeutiges Kundensegment, Pflichtenheft für Marktforschungsinstitut notwendig

20

Rabatte - Skonti - Boni unterscheiden

Rabatt	Skonto	Bonus	Cashback
R. werden aus unterschiedlichen Gründen gewährt → Menge → bestimmte Aktion → Frühbucher → Treue → Studenten → Presse <u>Nicht zulässig:</u> Übertrieben gewährte Rabatte, meist ausgehend von vorheriger Preiserhöhung	S. = Barzahlungsrabatt Wer vor dem eigentlichen Zahlungsziel zahlt, erhält dafür einen Skonto *(siehe auch Seite 70 „Skonto lohnt (fast) immer)“*	B. = nachträglich gewährter R. auf den in einer bestimmten Zeitperiode erzielten Umsatz <u>Beispiel 1:</u> Kunde Schlau GmbH kaufte im letzten Jahr für insgesamt 4.567 € bei uns ein. Wir gewährten einen Bonus von 4%. Schlau GmbH erhält deshalb im Januar diesen Jahres eine Gutschrift in Höhe von 182,68 €. <u>Beispiel 2:</u> Payback-Punkte sammeln und dann diesen „Bonus“ auszahlen (gutschreiben) lassen.	Kunde kauft und erhält danach eine (Teil)rückzahlung des Kaufpreises Anstelle eines Systems des Punktesammelns wie etwa bei „Payback“ [reales tägliches Einkaufen vor Ort] wird bares Geld (cashback) auf den Einkauf erstattet wie etwa über ein cashback-Portal [Internet-Einkäufe]

Reklamationen

Gründe	Auswirkungen	Was ist zu tun?
▶ Fehlerhafte Ware vom Lieferanten ▶ Fehlerhafte Auszeichnung durch uns ▶ Fehlerhafte, unsachgerechte Beratung durch uns ▶ Schnodderige, überhebliche Beratung durch uns ▶ Lustlose Beratung durch uns ▶ Fehlerhafte Bedienung durch Kunden ▶ Mangelnde technische Kenntnisse des Kunden ▶ Mangelnde Lesefähigkeit des Kunden ▶ Kunde ist enttäuscht, seine Erwartung an das Produkt war höher ▶ Kunde ist Profi-Meckerer	▶ Das Image des Unternehmens verschlechtert sich ▶ Wenn EIN Kunde sich beschwert, verbreitet er dies an 20 andere ▶ Wenn EIN Kunde zufrieden ist, verbreitet er das an nur 3 andere ▶ Die Kosten der Reklamation sind nicht allein Grund, um sie am besten ganz zu vermeiden ▶ sondern die Auswirkungen auf die zukünftige Verhaltensweise des Kunden (und der von ihm beeinflussten weiteren Kunden) sind oft nachhaltiger ▶ Mundpropaganda ist oft nicht messbar, hat aber dramatische Auswirkungen – positiv, aber leider noch schlimmer negativ	Am besten ist die Vermeidung von Reklamationen ▶ durch ehrliche, sachgerechte Beratung, ▶ durch gutes Zuhören, ▶ durch bessere Kontrollen der eingekauften Produkte ▶ Verkäufer schulen ▶ Reklamationsmanagement einrichten Wenn Reklamation erfolgt: ▶ Reklamationsgrund durch freundliches Zuhören erkennen und dann beseitigen ▶ In jedem Fall den Kunden mit seinem Namen ansprechen ▶ Auch wenn der Kunde im Unrecht ist, ihn nicht wie einen Depp behandeln ▶ Aus einem reklamierenden Kunden einen zufriedenen, wiederkehrenden Kunden machen

Stichworte Kundenorientierte Auftragsabwicklung

Video-Call Video-Konferenz	Man nutzt bereitgestellte Software wie ‚Teams‘, ‚Google Meet‘ oder ‚Zoom‘, um mit dem beliebig zusammengestellten Team visuell und sprachlich zu kommunizieren. Für diesen Video-Call (Video-Konferenz) braucht jeder Teilnehmer einen PC/Laptop mit Webcam oder ein Smartphone mit Frontkamera.
eigene	

Arbeitsstelle besetzen

Stellen(be)(aus)schreibung

→ Unternehmen *(bei Ausschreibung)*
→ Stadt, gesellschaftliche Umgebung, kulturelle und schulische Situation
→ Stellenbezeichnung:
- *Aufgaben, Chancen, Einbindung*

→ Anforderungen:
- *Fähigkeiten, Ausbildung, Abschluss, Berufserfahrung, Teamfähigkeit*

→ Unternehmensleistungen:
- *Gehalt, Soziales, Incentives*

→ Eintrittsdatum
→ Urlaubsanspruch
→ Bewerbungsfrist
→ Ansprechpartner
→ Bewerbungsunterlagen:
- *Bewerbungsschreiben, Lebenslauf, Zeugnisse, Foto (nicht verpflichtend)*

Anzeige schalten in über-/regionalen Zeitungen, Fachzeitschriften, Internet *(monster.de, stepstone.de, indeed.com, jobboerse.arbeitsagentur.de...)*

von Anzeige bis Vertrag

Anzeige entwerfen (AGG konform) und veröffentlichen

Eingänge prüfen
→ Voraussetzungen nicht erfüllt – raus
→ erfüllt: Sortierung nach best. Kriterien
→ messbar am Anforderungsprofil
→ die besten Drei bis (...) einladen
- Eignungstests durchführen z.B. Persönlichkeits-/Psycho-Test
- Assessmentcenter planen = längerer, vielschichtiger Praxistest, in der Regel alle zusammen und bei mehreren Beobachtern
- Bewerbungsgespräche führen

→ Austausch und Zusammenführung der Ergebnisse
→ Festlegung auf den Besten
→ Benachrichtigung der Unterlegenen
→ Einladung des Besten
→ mögliche Nachverhandlungen
→ Vertragsunterzeichnung

Arbeitsvertrag

mögliche Inhalte:

→ Name und Anschrift beider Parteien
→ Beginn des Arbeitsverhältnisses
→ befristet (Zeitraum) oder unbefristet?
→ Probezeit (Zeitraum)
→ Arbeitsort, Arbeitsplatz
→ Arbeitsplatzanforderungen
→ Arbeitszeiten
→ erforderliche Tätigkeiten des AN
→ Hierarchie (Organigramm)
→ Gehalt/Lohn
→ Nebenleistungen (Weihnachtsgeld, Urlaubsgeld, Prämien, Firmenrenten...)
→ Kündigungsregelungen
→ Urlaubsansprüche
→ Wettbewerbsklauseln
→ Nebentätigkeiten?

Ausbildungsvertrag

Inhalte (§11 BBiG)

- Name u. Anschrift der Vertragspartner
- Art, Gliederung sowie Ziel der Berufsausbildung
- Beginn und Dauer der Berufsausbildung
- Ausbildungsstätte und Maßnahmen außerhalb
- Dauer der regelmäßigen täglichen Ausbildungszeit (max 8h)
- Dauer der Probezeit (mindestens einer und höchstens vier Monate)
- Zahlung und Höhe der allg. Vergütung (sowie von Überstunden)
- Dauer des Urlaubs (mind. 30t/<16J, 27t/<17J, 25t/<18J)
- Kündigungsvoraussetzungen
- Tarifverträge/Betriebsvereinbarungen
- Form des Ausbildungsnachweises

Beendigung der Ausbildung:
Mit Bestehen der Prüfung und dem Überreichen des Prüfungsergebnisses durch den Prüfungsausschuss ist die Ausbildung (vorzeitig) beendet.

Pflichten Azubi

- *Lernpflicht:* Azubis müssen sich bemühen, beruflich fit zu werden
- *Berufsschulpflicht:* Azubis (<21J) müssen zur Berufsschule bzw. am entspr. Fachunterricht teilnehmen
- *Sorgfaltspflicht:* Azubis müssen alle Aufgaben sorgfältig ausführen und alle Einrichtungen und Waren pfleglich behandeln
- *Gehorsamspflicht:* Azubis müssen den Weisungen der Vorgesetzten folgen
- *Dokumentationspflicht:* Azubis müssen ein Berichtsheft führen
- *Geheimhaltungspflicht:* Stillschweigen wahren über Betriebs- und Geschäftsgeheimnisse
- *Ordnungspflicht:* Azubis müssen die geltende Hausordnung beachten

Merkspruch:
Le-Be-Sor-Ge-Do-Geheim-Ord

Pflichten Arbeitgeber (AG)

- *Ausbildungspflicht:* Die AG müssen umfassend und zeitgerecht auf das Ausbildungsziel vorbereiten
- *Ausstattungspflicht:* Die AG müssen den Azubis kostenlos die Ausbildungs- und Prüfungsmittel zur Verfügung stellen
- *Freistellungspflicht:* Die AG müssen die Azubis für die Teilnahme am Berufsschulunterricht und an Prüfungen freistellen. Sie müssen das Führen von Berichtsheften und den Schulbesuch kontrollieren
- *Erziehungspflicht:* Die AG müssen die Azubis charakterlich fördern
- *Vergütungspflicht:* Die AG müssen den Azubis eine angemessene Vergütung zahlen
- *Zeugnispflicht:* Die AG müssen nach Ende der Ausbildung den Azubis ein schriftliches Zeugnis ausstellen. Auf Verlangen Auszubildender sind auch Angaben über Verhalten und Leistung aufzunehmen

Betriebsrat – Aufgaben und Rechte

Nach dem Betriebsverfassungsgesetz (BetrVG) haben die Arbeitnehmer eines Betriebes mit mindestens 5 Beschäftigten das Recht, einen Betriebsrat zu wählen. Wahlberechtigt sind alle Arbeitnehmer ab 16 Jahren. Wählbar sind Arbeitnehmer ab 18, die dem Betrieb mindestens seit 6 Monaten angehören. Dieser Betriebsrat hat allgemein die Aufgabe, die Interessen der Arbeitnehmer gegenüber dem Arbeitgeber zu vertreten. Der Betriebsrat wirkt mit und bestimmt mit. Seine Größe richtet sich nach der Anzahl aller Arbeitnehmer (§ 1-20 BetrVG).

Aufgaben	Informations-/Beratungsanspruch	Mitbestimmungsrechte
1. Überwachung der im Betrieb geltenden Gesetze, Verordnungen, Unfallverhütungsvorschriften, Tarifverträge und Betriebsvereinbarungen 2. Maßnahmen zum Wohl der Belegschaft beantragen 3. Anregungen von Beschäftigten annehmen, mit dem Arbeitgeber darüber verhandeln und über die Ergebnisse informieren 4. Durchführung der Wahl einer Jugend- und Auszubildendenvertretung und Zusammenarbeit mit ihr. 5. Förderung der allgemeinen Beschäftigung im Betrieb 6. Maßnahmen zur Integration aktiv initiieren und begleiten 7. Förderung des Arbeits- und betrieblichen Umweltschutzes	Der Betriebsrat hat einen Informations- und Beratungsanspruch gegenüber dem Arbeitgeber: Er erhält alle nötigen Informationen und Unterlagen. Insbesondere muss der Arbeitgeber den Betriebsrat rechtzeitig informieren und sich mit ihm über die Auswirkungen auf die Arbeitnehmer beraten, wenn betriebliche Räume, technische Anlagen, Arbeitsabläufe und -plätze neu oder umgestaltet werden sollen. Dazu gehören unter anderem auch die Personalplanung, Maßnahmen der Berufsbildung, personelle Einzelmaßnahmen wie Einstellungen, Versetzungen, Ein- und Umgruppierungen und schwerwiegende Betriebsänderungen wie Stilllegung, Verlegung oder Spaltung des Betriebs	1. Regelungen zur Betriebsordnung und zum Verhalten von Arbeitnehmern 2. Arbeitszeiten-, Pausen- und Urlaubsregelungen 3. Auszahlung der Arbeitsentgelte 4. Einführung von technischen Einrichtungen, mit denen das Verhalten bzw. die Leistung von Arbeitnehmern überwacht werden soll 5. Regelungen zur Verhütung von Arbeitsunfällen und Berufskrankheiten 6. Sozialeinrichtungen (z. B. Kantinen) und Wohnräume von Arbeitnehmern, die dem Betrieb angehören 7. Gestaltung von Löhnen und leistungsbezogenen Entgelten (z. B. Akkord- und Prämiensätze) 8. Regelungen zum Vorschlagswesen 9. Regelungen zur Gruppenarbeit 10. Durchführung betrieblicher Bildungsmaßnahmen

Der Betriebsrat muss vor jeder Kündigung eines Arbeitnehmers angehört werden, da die Kündigung sonst unzulässig ist. Zwar muss der Arbeitgeber einem Widerspruch des Betriebsrats nicht folgen; erhebt aber der Arbeitnehmer Kündigungsschutzklage, muss er in der Regel bis zur endgültigen Gerichtsentscheidung weiterbeschäftigt werden.

Die Beurteilung von Mitarbeitern

einfaches Zeugnis	qualifiziertes Zeugnis
1. Angaben zur Person Name, Vorname, Wohnort, Straße Geburtsdatum, Geburtsort 2. Ein- und Austrittsdatum 3. Beschreibung des Aufgabengebietes 4. Ort, Datum, Unterschrift 5. Angaben zum Arbeitgeber (Unternehmen)	Das qualifizierte Zeugnis enthält neben den Angaben des einfachen Zeugnisses noch eine Bewertung von Verhalten und Leistung, wie etwa: ▶ Art der Leistung ▶ Fachwissen ▶ Leistungsbereitschaft ▶ Teamverhalten ▶ Führungsqualität ▶ Sozialverhalten Bitte beachten: *Ein Zeugnis darf keine negativen Formulierungen enthalten!*

Fehlerquellen von Zeugnissen und Beurteilungen: Schlamperei + Subjektivität + Vorurteile + Charakterschwäche

Beurteilung eines Arbeitsplatzes nach dem Genfer Schema:

Können => Fachkenntnisse, Geschicklichkeit
Verantwortung => für die eigene und andere Arbeiten
Belastung => geistige und körperliche Belastung, Aufmerksamkeit, Denkfähigkeit, Muskelkraft
Arbeitsbedingungen => Umgebungseinflüsse wie Klima, Nässe, Schmutz, Staub, Dämpfe, Lichtmangel, Blendung...

Ereignisgesteuerte Prozesskette (EPK)

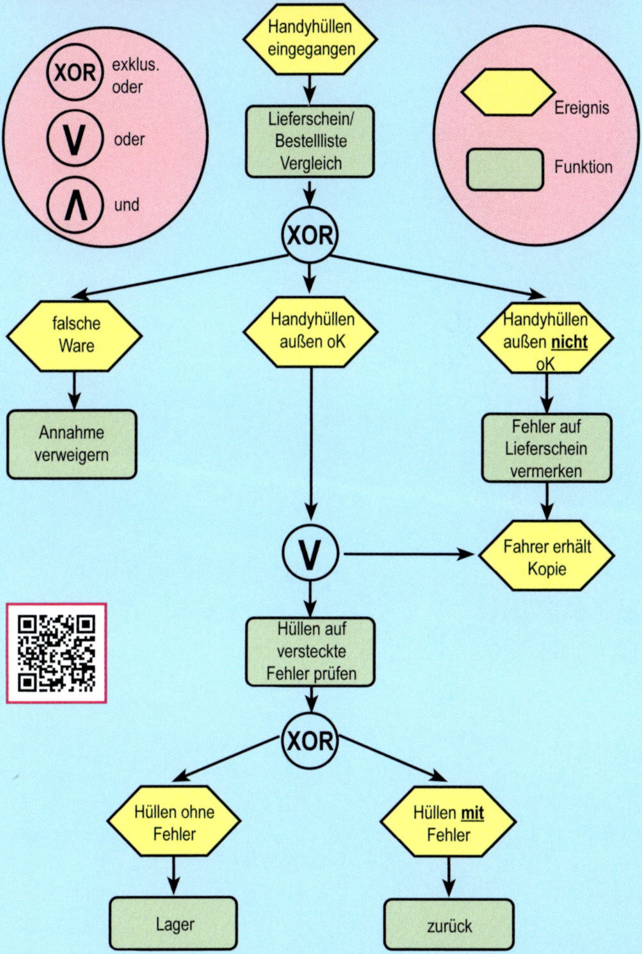

Feste-flexible Arbeitszeit (Vor-Nachteile)

Feste Arbeitszeit

Klare Vereinbarung, etwa
6:00 Uhr - 14:00 Uhr Schicht od.
8:00 Uhr - 17:00 Uhr im Büro

Flexible Arbeitszeit

→ Gleitzeit etwa
 7:00 - 9:00 Uhr Gleitzeit
 9:00 - 12:00 Uhr Kernarbeitszeit
 12:00 - 13:30 Uhr Gleitzeit
 13:30 - 16:00 Uhr Kernarbeitszeit
 16:00 - 18:00 Uhr Gleitzeit

→ 3 Tage Büro - 2 Tage zu Hause = ein Teil der Arbeit wird zu Hause erledigt, dadurch alle Vorteile des Homeoffice

→ Jahresarbeitszeit
Es werden die Stunden, die man in einem Jahr verarbeitet haben muss, summiert. Je nach Auftragslage, Witterung o.ä. arbeitet man Stunden ab (das spart für den Arbeitgeber etwa die Überstunden)

Vorteile der flexiblen Arbeitszeit	Nachteile der flexiblen Arbeitszeit
→ Arbeitnehmer (AN) hat mehr Spielraum für private Dinge (Arztbesuch) → Arbeitgeber (AG) erlebt zufriedenere AN und möglichen Leistungsaufschwung → mancher AN ist ein ‚early bird‘, der andere wiederum ein ‚Spätzünder‘ - mit der flexiblen AZ nähert man sich besser der individuellen biologischen Uhr → mit entsprechender Absprache verlängert sich die Anwesenheitszeit im Büro durch immer ausgeruhte Kräfte → die Leistungsbereitschaft des Einzelnen wächst mit der Vorstellung, man habe mehr Freiheiten → AN wählt im Bewerbungsverfahren lieber Unternehmen mit arbeitnehmerfreundlichen Zeiteinteilungen (zurzeit: am liebsten eine 4-Tage-Woche) → Loyalität zum AG erhöht sich durch zufriedengestellte AN automatisch → Kosten für den AG verringern sich	→ AG hat bei immer größer werdender Flexibilität eine immer größer werdende Erwartungshaltung → manche AN können sich nicht dauerhaft selbst organisieren → werden Teile der Arbeit zu Hause verrichtet, leidet der persönliche Kontakt zu den Mitarbeitern → flexible AZ sind schwieriger zu kontrollieren, am schwierigsten das ‚homeworking‘ → bei manchem Job ist keine Flexibilität möglich, etwa Gleitzeit beim Schichtdienst nicht umsetzbar, homeworking bei Lehrern fast unmöglich (Ausnahmen!) → immer mehr Freizeit ist für manchen AN zu teuer → für den AG geht Flexibilität mit erhöhter Managementbelastung einher

Freiwillige Leistungen - Incentives

Vorteile Arbeitgeber

→ Der Arbeitnehmer fühlt sich wertgeschätzt, ist zufriedener, motivierter und damit produktiver

→ Manche Team-Incentives (z.B. Hochseilgarten, Segeltörn oder Loge im Fußballstadion) führen auch im betrieblichen Ablauf zu erheblichen menschlichen Verbesserungen und damit zu produktiveren Ergebnissen

→ Die Bindung des Arbeitnehmers zu seinem Betrieb wird verstärkt und führt zu einer Senkung der Fluktuation

→ Damit wird der Betrieb attraktiver für potentielle neue Beschäftigte

→ Im Idealfall wird der Betrieb selbst eine „Marke“ und die Fähigsten und Besten bewerben sich hier.

Vorteile Arbeitnehmer

→ Materielle Besserstellung durch z.B.
  → Prämien
  → Firmenwagen
  → Firmenrabatte

→ Immaterielle Vergünstigungen z.B.
  → klingender Titel (z.B. Facility Manager statt Hausmeister)
  → kostenfreie Betriebssport-Teilnahme (Fitness-Bude)
  → Kinder von Betriebsangehörigen werden bevorzugt ausgebildet
  → Platz freihalten für Kindergarten oder Kita
  → Sonderurlaub

→ .....

→ .....

Beispiele

→ Glückwunsch-Dankes-Beileidskarten
→ Arbeitgeber-Darlehen
→ Dienstfahrrad
→ Diensthandy
→ Dienstwagen
→ Fahrtkostenzuschuss
→ Freikarten (Bundesliga-Loge, Konzerte, Theater)
→ Gutscheine (Benzin, Essen)
→ T-Shirt, Kaffeetasse mit Firmenlogo
→ Personalrabatte
→ Firmenwohnung an Nord- oder Ostsee

→ .....

→ .....

Homeoffice - Telearbeit

Technische Voraussetzungen müssen gegeben sein -
Die Bedingungen der Arbeitsstättenverordnung müssen erfüllt werden.
Datenschutz: nur AN hat Zugang, darf nur Software des AG benutzen, keine Personendaten
Der Betriebsrat übt seine Rechte und Pflichten auch im Hinblick auf Tele-Arbeitsverhältnisse aus.

Vorteile Arbeitnehmer

→ Arbeitswege werden eingespart und die Umwelt geschont
→ Angenehmes Arbeitsumfeld (hoffentlich)
→ Kollegen stören nicht (höchstens Kinder und Partner)
→ flexibler - die Zeit kann besser eingeteilt werden
→ interne Termine (z.B. Arzt) können leichter abgestimmt werden
→ man lebt nach seiner Lebensart - Work-Life-Balance wird positiver

Vorteile Arbeitgeber

→ Arbeitnehmer motivierter
→ geringerer Platzbedarf
→ kaum Fehlzeiten wegen privater Termine
→ unerwartete Selbstverpflichtung der Arbeitnehmer

Nachteile Arbeitnehmer

→ Ablenkungen jederzeit möglich
→ keine sozialen Kontakte zu den Arbeitskollegen
→ längere Kommunikationswege
→ mehr Überstunden, weil man zeigen will, dass man nicht faul ist
→ Berufs- und Privatleben werden gern vermischt

Nachteile Arbeitgeber

→ weniger Kontrolle
→ längere Kommunikationswege
→ mehr Überstunden
→ Berufs- und Privatleben werden vermischt

Interne oder externe Stellen-Ausschreibung?

Der Betriebsrat hat das Recht auf eine interne Ausschreibung

Vorteile intern	Vorteile extern
• Eröffnung von Aufstiegschancen • Motivation der Mitarbeiter • stärkere Bindung an den Betrieb • geringere Einarbeitungszeit • geringere Beschaffungskosten • gute Kenntnis der Qualifikationen • betriebliches Lohnniveau bleibt erhalten • schnellere Stellenbesetzungsmöglichkeit • Einstiegsmöglichkeiten für Nachwuchskräfte werden frei • Stelle ist kurzfristig besetzbar • gezielte Förderung wird möglich • transparente Personalpolitik • Unternehmensimage verbessert sich • Man „kennt" den Mitarbeiter sehr gut	• große Auswahl • Verringerung der Betriebsblindheit • Qualifikationsvergleich interner und externer Mitarbeiter möglich • geringe Fortbildungskosten, da Qualifikation schon vorhanden • keine interne Versetzungsspirale notwendig • Einbringen von neuen Impulsen in den Betrieb • Fremdes Know-how bereichert
Nachteile intern	**Nachteile extern**
• geringe Auswahlmöglichkeiten • Enttäuschung bei abgelehnten Kollegen • kollegiale Bindungen erschweren Sachentscheidungen • Versetzung löst Bedarf an anderer Stelle aus • kaum neue Arbeitskräfte beleben das Unternehmen • Förderung der Betriebsblindheit	• Hohe Beschaffungskosten durch Stellenanzeigen, Auswahl und Vergleich oder Einschaltung von Vermittlern • Risiko einer Fehlbesetzung (Papierform) • Eingliederungsschwierigkeiten möglich • Die Gehälter von „Neuen" sind häufig höher als die der „Internen" • Demotivation qualifizierter interner Mitarbeiter möglich

Jugendarbeitschutz (ohne Ausnahmen)

Gesundheit	vor der Einstellung muss eine ärztliche Untersuchung stattfinden
Arbeitszeit pro Tag	maximal 8 h
Arbeitszeit pro Woche	maximal 40 h
Tage pro Woche	maximal 5
Schicht = Arbeitszeit + Pausen	maximal 10 h
Zeitspanne	von 06:00 - 20:00 Uhr
Pausen = mindestens 15 Minuten am Stück	zwischen zwei Schichten mindestens 12 h 30 Minuten von 4,5 bis 6 h Arbeitszeit 60 Minuten bei mehr als 6 h
Urlaub - mindestens	30 t bei jünger als 16; 27 t bei jünger als 17 und 25 t bei jünger als 18
Freistellung Berufsschule	Ein ganzer Tag, wenn mehr als 5 Unterrichtsstunden
Freistellung Prüfung	für alle Prüfungen direkt vor der schriftlichen Abschlussprüfung 1 Tag
Samstags- und Sonntagsruhe	keine Beschäftigung (auch nicht an gesetzlichen Feiertagen!)
Akkordarbeit	grundsätzlich verboten

Jugend- und Auszubildenden-Vertretung

*nur in Betrieben mit mindestens **fünf** wahlberechtigten Jugendlichen oder Auszubildenden*

Organisation	Aufgaben	Rechte
• Wer darf wählen? Alle Jugendlichen im Betrieb unter 18 und alle Auszubildenden. • Wer darf gewählt werden? Alle Arbeitnehmer bis 25 Jahre und alle Auszubildenden • Wann wird gewählt? Alle 2 Jahre im Oktober/November. • Wie viele Vertreter werden gewählt? Je nach Anzahl der Wahlberechtigten zwischen 1 und 15 Vertreter. • Kann ein Jugendvertreter gekündigt werden? Nein, nicht während der Amtszeit und ein Jahr danach auch nicht. • Kann man sowohl im Betriebsrat als auch in der Jugendvertretung sein? Nein. • Kann auch eine Jugendvertretung gewählt werden, wenn es keinen Betriebsrat gibt? Nein.	• Wahrnehmung der betrieblichen Belange der Jugendlichen und der Auszubildenden • Anträge von Maßnahmen beim Betriebsrat - zur Ausbildung, - zu Hilfen bei der Ausbildung, - zur Übernahme nach der Ausbildung • Überwachung von Gesetzen, Vorschriften, Tarifverträgen für Jugendliche und Auszubildende, z.B. des Jugendarbeitsschutzgesetzes. Insbesondere die Einhaltung der Arbeitszeiten, der Pausen, der Wochenarbeitszeit, des Urlaubanspruches oder auch des Schutzes gegen gefährliche Arbeiten sollte die Jugendvertretung kontrollieren. • Anregungen und Beschwerden der Auszubildenden an den Betriebs-/Personalrat herantragen • Verbesserungsvorschläge zur Integration ausländischer Auszubildender • Probleme der Auszubildenden anhören und versuchen zu lösen	• Teilnahme an Betriebsratssitzungen • Stimmrecht in diesen Sitzungen, wenn es um Jugendfragen geht • Teilnahme an Ausschusssitzungen des Betriebsrates • Stimmrecht in diesen Sitzungen, wenn es um Jugendfragen geht • Teilnahme an Besprechungen zwischen Betriebs-/Personalrat und Arbeitgeber • Durchführung von Jugend- und Auszubildendenversammlungen • Durchführung von Jugend- und Auszubildendenvertretungssitzungen • Abhalten von Sprechstunden • Teilnahme an erforderlichen Schulungen auf Kosten des Arbeitgebers • Teilnahme an Einstellungsgesprächen - aber ohne Stimmrecht (wie der Betriebsrat) • Freistellungen innerhalb der Arbeitszeit für Aufgaben, die für die Jugend- und Auszubildenden-Vertretung notwendig sind. Was notwendig ist, entscheidet die Jugendvertretung!

Nur der Betriebsrat darf Verhandlungen direkt mit den Arbeitgebern führen. Sind zur Erfüllung der Aufgaben Gespräche mit den Arbeitgebern notwendig, muss sich die Jugend- und Auszubildenden-Vertretung daher zuerst an den Betriebsrat wenden.

Kündigungsregelungen

Kündigungsschutzgesetz § 1:
Sozial ungerechtfertigte Kündigungen

(1) Die Kündigung ... ist rechtsunwirksam, wenn sie sozial ungerechtfertigt ist.
(2) Sozial ungerechtfertigt ist die Kündigung, wenn sie nicht durch Gründe, die in der Person oder in dem Verhalten des Arbeitnehmers liegen, oder durch dringende betriebliche Erfordernisse bedingt ist.

Außerordentliche Kündigung nach § 626 BGB (fristlose Kündigung)

(1) Das Dienstverhältnis kann von jedem Vertragsteil aus wichtigem Grund ohne Einhaltung einer Kündigungsfrist gekündigt werden
(2) Die Kündigung kann nur innerhalb von zwei Wochen erfolgen.
z. B. Diebstahl - Arbeitsverweigerung - mutwillige Zerstörung - Trunkenheit - Unterschlagung - Tätlichkeiten - Ehrverletzung - sexuelles Fehlverhalten - Verletzung des Betriebsgeheimnisses - Verletzung des Wettbewerbsverbotes - keine Lohnzahlung - unangemeldeter (wilder) Streik - Verletzung des Arbeitsfriedens

Bevor jemand wegen schlechter Leistung oder unentschuldigtem Fehlen gekündigt wird, muss er eine ***Abmahnung*** *(schriftlich, begründet) erhalten haben.*

Beschäftigungsdauer	Frist	zum	für AN/AG
innerhalb Probezeit (max 6 M)	2 WO		AN AG
< 2 J	4 WO	15. oder Monats-Ende = ME	AN AG
2 J	1 Mon	ME	AG
5 J	2 Mon	ME	AG
8 J	3 Mon	ME	AG
10 J	4 Mon	ME	AG
12 J	5 Mon	ME	AG
15 J	6 Mon	ME	AG
≥ 20 J	7 Mon	ME	AG

Während einer vereinbarten Probezeit, längstens für die Dauer von sechs Monaten, kann das Arbeitsverhältnis beidseitig mit einer Frist von zwei Wochen gekündigt werden.
Der Arbeitnehmer kann - wenn keine vertraglichen Vereinbarungen vorliegen - immer innerhalb der 4-Wochen-Frist kündigen (zum 15. oder ME). **Nur** der Arbeitgeber muss die o.a. Fristen wahren.

Sonderkündigungsregeln

▶ Auszubildende (Berufsbildungsgesetz)
können nur während der Probezeit (mindestens 1 Monat / höchstens 4 Monate) - hier allerdings ohne Angabe von Gründen - danach nur aus wichtigem Grund gekündigt werden

▶ Schwerbehinderte (§ 85ff. SGB IX)
können nur mit Zustimmung des Integrationsamtes gekündigt werden (Frist mindestens 4 Wochen)

▶ Werdende Mütter (§ 17 MuSchG)
dürfen 6 Wochen vor und 8 Wochen nach der Entbindung nicht beschäftigt werden. Zusätzlich ist eine Kündigung ab Kenntnis der Schwangerschaft bis 4 Monate nach der Entbindung - auch für außerordentliche Fälle - unzulässig. Hinzu kommt der Anspruch auf Elternzeit (36 Monate - auch Väter!). Während der Elternzeit ist eine (normale) Kündigung unzulässig. Der Elternzeitberechtigte kann nur unter Einhaltung einer Kündigungsfrist von 3 Monaten zum Ende der Elternzeit kündigen.

▶ Betriebsratmitglieder (§ 15 KSchG)
dürfen während ihrer Zugehörigkeit und bis ein Jahr nach Beendigung der Tätigkeit nicht gekündigt werden. Dies gilt auch für Jugendvertreter. Zustimmung nach § 103 BetrVG erforderlich.

Lohn/Gehaltsabrechnung (Muster) Daten von 2026

Bezeichnung	Grundlage	Sätze (€ oder %)
laufende Bezüge	Arbeitsvertrag	
+ geldwerter Vorteil/ Sachbezug	z.B. Dienstwagen - Urlaubsgeld - Weihnachtsgeld	
+ vermögenswirksame Leistungen des AG	Die VL wird mit einer Arbeitnehmerzulage durch den Staat gefördert, Laufzeit 7 Jahre	siehe Tarifvertrag
= Sozialvers.-Brutto	= Bemessungsgrundlage für SozVers bis zur Beitragsbemessungsgrenze (BBG = Obergrenze), (ab 2025 bundeseinheitliche BBGs in West und Ost)	Monatlich max. 8.450 (RV+ALo) 5.812,50 (KV+PflV)
- Krankenversicherung Arbeitnehmeranteil	BBG beachten insgesamt 14,6 % (+ ggf. Zusatzbeitrag = ZB)	AN 7,3 + ZB/2 AG 7,3 + ZB/2
- Rentenversicherung Arbeitnehmeranteil	BBG beachten insgesamt 18,6 %	AN 9,3 AG 9,3
- Arbeitslosenversich. Arbeitnehmeranteil	BBG beachten insgesamt 2,6 %	AN 1,3 AG 1,3
- Pflegeversicherung Arbeitnehmeranteil	BBG beachten insges. 3,6 %/Kind (2 - 5 Kinder je minus 0,25 %)	AN 1,8 AG 1,8
- PV-Beitragszuschlag	kinderlose AN ≥ 23 + 0,6 % ***NUR AN***	AN 1,8 + 0,6 = 2,4
- Lohnsteuer	Einkommenshöhe und Lohnsteuerklasse Ist ein Freibetrag eingetragen, wird die Steuer vom SozV-Brutto abzgl. Freibetrag berechnet IV/IV dann, wenn beide Einkommen etwa gleich III/V dann, wenn III>V	I - single ohne Kind II- single mit Kind III-verheiratet IV/IV-double-income V -Kombi mit III VI- 2. Lohnverhältnis
- Kirchensteuer von der Lohnsteuer	Die Kirchensteuer beträgt in Bayern und Baden-Württemberg 8 %, sonst 9 % von der Lohnsteuer	8 oder 9
- Solidaritätszuschlag von der Lohnsteuer	Solidaritätszuschlag beträgt 5,5 % von der Lohnsteuer für Einkommen > 80.000 €	5,5
- Sachbezüge		
= Netto	nach Abzug der Steuern und Pflichtbeiträge	
- vermögenswirksame Leistungen	gesamte VWL von AN+AG	
- persönliche Abzüge	z.B. Pfändungen, Werkseinkäufe	
+ Zulagen St.-u SV-frei	z.B. Nacht-, Sonn- u Feiertagszuschläge	
= Auszahlung		

Online-Bewerbungsverfahren

Immer mehr Unternehmen akzeptieren digitale Bewerbungen (per E-Mail, über Online-Bewerbungsformulare etc.) als einzigen Bewerbungsweg. Meist lassen ökonomische Gründe diese Akzeptanz wachsen. Von einer Papierbewerbung ist sogar abzuraten, wenn ausdrücklich eine Online-Bewerbung gewünscht wird.

Arbeitgeber-Sicht		Bewerber-Sicht	
Vorteile	*Nachteile*	*Vorteile*	*Nachteile*
→ kein Platzproblem → einfache Verteilmöglichkeit → keine Rücksendung nötig → mit entsprechender Software Schlagwortsuche möglich → umweltfreundlich → parallele Aufnahme in das eigene Datensystem → Vorauswahl durch Software kein Problem	→ keine handschriftlichen Teile → individuelle Darstellung nicht/nur schwer möglich → für gehobenere Ausschreibungen begrenzte Auswahlkriterien	→ keine Druck- und Papierkosten → keine zig-fachen Kopien nötig → keine Versandkosten → einfach und schnell → viele Bewerbungen an verschiedenste Arbeitgeber → umweltfreundlich → schnellere Rückmeldung des Unternehmens	→ technische Ausstattung erforderlich (PC, Laptop, Scanner) → Kenntnisse mindestens bei Textprogramm erforderlich → Bewerbung hebt sich nicht viel von anderen ab → geringerer Wiedererkennungswert der Bewerbung

Ein-Linien-Leitungssystem mit Stabstelle (Organigramm)

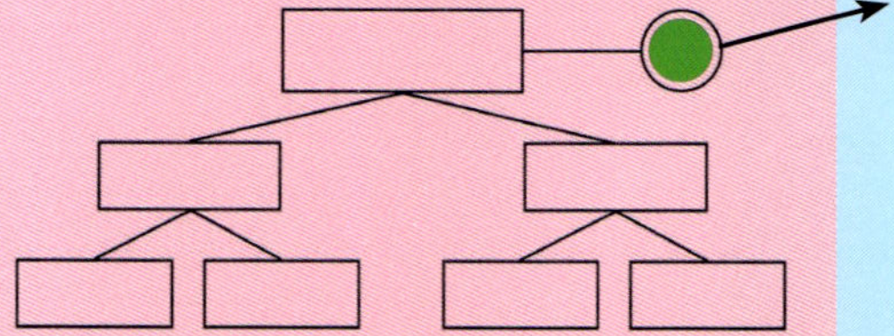

Die Linien-Systeme sind durch klaren Entscheidungsaufbau gekennzeichnet. Alle Anordnungen werden vertikal in der Betriebshierarchie von oben nach unten durchgegeben. Dabei ist ein Überspringen einer Instanz nicht zulässig. Gleichzeitig sind die Abteilungen auf einer horizontalen Ebene unabhängig voneinander und können sich gegenseitig auch keine Anweisungen geben.

Stabstellen stehen zur Unterstützung bestimmter Instanzen zur Verfügung. Sie sind beratend tätig und haben in der Regel keine eigenen Leitungsaufgaben.

Vorteile:

- einfach, klar, überschaubar
- eindeutige Kompetenzabgrenzung
- Instanzenweg wird bei notwendigen Anweisungen zwischen mehreren Abteilungen verkürzt
- qualifizierte Zuarbeit schafft Arbeitsentlastung und optimale Entscheidungsgrundlagen

Nachteile:

- langer Instanzenweg
- schwerfällig, in größeren Betrieben mangelnde Flexibilität
- Kompetenzüberschneidungen sind denkbar
- Überlastung der oberen Ebene
- Prozess bis zur Entscheidung wird verlängert
- Konflikte Stab-Linie

Andere Systeme: Sparten-Organisation (Food/Non-Food strikt getrennt), Matrix-Organisation bei längeren Entwicklungen

Personalbedarfsplanung

Grundsatz: Sollbestand – Istbestand = Personalbedarf

Mein Ausbildungsbetrieb GmbH & Co. KG				
	Einkauf	Verkauf	Fertigung	Gesamt
SOLL-Bedarf (errechnete[1] Stellen eines Jahres)	15	33	122	170
– **IST-Bestand** (heute tatsächlich besetzte Stellen)	– 13	– 28	– 121	– 162
= benötigt werden **brutto**:	= 2	= 5	= 1	= 8
+ Geplante **Abgänge**				
=> befristete Verträge laufen aus	+ 1		+ 9	+ 10
=> Renteneintritt	+ 2	+ 4	+ 3	+ 9
– Geplante **Zugänge**				
=> Übernahme von Auszubildenden	– 2	– 3	– 7	– 12
=> Rückkehr aus der Elternzeit	– 2	– 1	– 2	– 5
+ Geschätzte **Abgänge (Fluktuation)**	+ 2	+ 5	+ 8	+ 15
= **NETTO-Bedarf**	= 3	= 10	= 12	= 25

[1]Als Personalbemessungsverfahren gibt es das summarische Verfahren (Schätzverfahren, Zeitreihen-Verfahren, Stellenplan-Verfahren und Kennzahlen-Verfahren) sowie das analytische Verfahren mit Grundlast- und Reservelastbestimmung.

Personal-Fluktuation

Austauschrate des Personals in Unternehmungen => Prozent der Ausscheidenden vom Sollbestand

nicht beeinflussbar: Tod, Altersgrenze, Elternzeit, langfristige Krankheit

beeinflussbar: Wechsel in ein anderes Unternehmen

Externe Einflussfaktoren

Die konjunkturelle Lage: In den Phasen Aufschwung oder Boom wird gern (zu einem ‚besseren' Arbeitsplatz) gewechselt, in Abschwung- oder gar Rezessionsphasen sind die meisten Arbeitnehmer froh, überhaupt einen Arbeitsplatz zu haben.

Die Arbeitslosenzahl: Mit steigenden Arbeitslosenzahlen verlässt man nicht so schnell ein bestehendes Arbeitsverhältnis.

Bindung an das Unternehmen: Durch Kapitalbeteiligung (Belegschaftsaktien) der Mitarbeiter sinkt die Fluktuationsrate.

Angestellter oder Beamter: In privaten Unternehmen mit überwiegend Arbeitern oder Angestellten ist die Fluktuation höher als in einer Behörde mit einem großen Beamtenanteil.

Gebietsentwicklung: In einer Gegend, in der sich ständig neue Unternehmen ansiedeln, ist die Fluktuationsbereitschaft höher als in einer Gegend, in der ein Unternehmen nach dem anderen aufgibt.

Interne Einflussfaktoren

Betriebsklima: In einem schlechten Betriebsklima steigt die Fluktuation; je besser das Betriebsklima, desto weniger wollen den Arbeitsplatz mit einem anderen tauschen.

Arbeitszeitmodell: Je variabler die Arbeitszeit (Gleitzeit, Jahresarbeitszeitkonten), desto geringer die Fluktuation.

Interne Aufstiegsmöglichkeiten: Je besser die Möglichkeiten sind, im Unternehmen eine bessere Position zu erreichen, desto geringer wird die Fluktuation sein.

Unternehmensimage: Unternehmen, die nach innen und nach außen eine Corporate Identity aufgebaut haben, sind eher gefragt als Unternehmen, die in der Öffentlichkeit ‚nichts gelten'.

Intelligente Mitarbeiter-Auswahl: Ist eine Stelle zu besetzen, müssen nicht nur die fachlichen Voraussetzungen stimmen, sondern auch der Charakter der neuen Person, sonst legt man den Grundstein für größere Fluktuation.

Personalunterlagen

zur Person	zur SozialVers + Steuer	Kopien von Urkunden	zur Gehalts-abrechnung	sonstige
• Bewerbungs-schreiben • Arbeitszeugnisse • Schulzeugnisse • Berufsabschluss • Lebenslauf • Führungszeugnis • Aufenthaltserlaubnis • Arbeitserlaubnis • Nebenbeschäf-tigungen	• Krankenkasse • Sozialversicherungs-nummer • Zusatzversorgungen • vermögens-wirksame Leistungen • Lohn/Gehalts-bescheinigungen • Lohnsteuerangaben	• Führerschein • Schwerbehinderten-Ausweis • Pfändungsbeschluss • Gesundheitszeugnis	• Heiratsurkunde • Geburtsurkunden • Sterbeurkunde des Ehegatten	• Personalbogen • Urlaubsliste • Fehlzeiten • Beurteilungen • Ermahnungen • Abmahnungen • Weiterbildungs-nachweis

Rechtliche Grundlagen: Die Sammlung der für das Arbeitsverhältnis relevanten Unterlagen durch den Arbeitgeber wird durch arbeitsrechtliche Vorschriften bestimmt. Der Mitarbeiter hat das Recht, die Personalakte einzusehen. Personalakten sind strikt vertraulich zu behandeln. Wenn personenbezogene Daten von mindestens zwanzig Mitarbeitern automatisiert oder in sonstiger Form verarbeitet werden, muss der Betrieb einen Datenschutzbeauftragten bestellen.

Reisekostenabrechnung

Kosten	Richtlinien
z.B.	***z.B. firmenintern***
	→ Hotelkosten Obergrenze
Flug	→ Hotelvorgabe
Bahn	→ Flugkosten (Klasse)
Auto	→ Bahnklasse
Hotel	→ Taxikosten Obergrenze
Speisen	→ vorgegebene Tagessätze
Getränke	
Mietwagen	***z.B. steuerlich***
Benzin	→ km-Pauschale 30cts/km
Taxi	→ Verpflegungsmehraufwand
Trinkgeld	→ Tag 8h < 24h → 14 €
Gebühren	→ Tag > 24h → 28 €
(Autobahn)	→ Frühstück ./. 20%
......	→ Essen ./. 40%

Abrechnung

Wir, die hik GmbH in Solingen, schicken vom 12.-14.11. Hans Lila (Audi A6) zur Landmaschinenmesse Hannover (283 km).

Reisekosten	Einzelheiten	Betrag in €
PKW	283 x 2 = 566 km à 0,30 cts	169,80
Hinfahrt 12.11.	< 24h (Verpflegungsmehraufwand)	14,00
Messe 13.11.	> 24h (Verpflegungsmehraufwand)	28,00
Zurück 14.11.	< 24h (Verpflegungsmehraufwand)	14,00
Hotel	2 Nächte	258,00
Frühstück	in Hotelrechnung enthalten (2 x 15,-)	- 30,00
Mittagessen	Belege 25,80 + 28,50 + 13,30	67,60
Abendessen	Belege 12,70 + 9,60	22,30
SUMME		543,70

Jedes Unternehmen formuliert seine eigenen Abrechnungsbögen und Abrechnungsmodi. In vielen Unternehmen wird vor Fahrtantritt geprüft, ob beispielsweise eine Zugfahrt plus Taxikosten günstiger sind als das Auto. Viele haben auch Vertragshotel-Konditionen.

Sozialversicherung in Kürze (2026)

Rentenversicherung	Krankenversicherung	Pflegeversicherung	Unfallversicherung	Arbeitslosenversicherung
Rentenzahlung ab 67 Jahren (Ausnahmen!) Höhe im Durchschnitt 67% vom Netto. *Beitragssatz heute (2026) 18,6% des sozialversicherungspflichtigen Einkommens. Davon trägt der Arbeitgeber die Hälfte: 9,3%.* Die Höchstgrenze, von der die Beiträge abgezogen werden, liegt 2026 bei 8.450 €. *Keine Sozialversicherungspflicht besteht für Beschäftigte, die weniger als 556 € im Monat beziehen. Zwischen 556 € und 2.000 € gibt es einen Übergangsbereich (früher: Gleitzone) bis zur vollen Beitragshöhe.*	Die Krankenversicherung setzt ein, wenn die Lohnfortzahlung nach 6 Wochen aussetzt. *Die Krankenkasse zahlt Krankengeld für weitere 72 Wochen bei gleicher Krankheit.* Der Krankenversicherungsbeitrag liegt 2026 bei 14,6 % des versicherungspflichtigen Einkommens und wird zur Hälfte vom Arbeitgeber getragen. *Die Höhe des Krankengeldes beträgt 70% des letzten Brutto (bis zur Beitrags-Höchstgrenze 5.812,50 €), aber nicht mehr als 90% des letzten Netto.*	Bereits über 2 Millionen Menschen in Deutschland brauchen die Pflegeversicherung, die fremde oder häusliche Hilfeleistungen bezahlt. *Der allgemeine Beitrag für die Pflegeversicherung beträgt 3,6 %, die je zur Hälfte auch vom Arbeitgeber getragen werden. (Kinderlos + 0,6 % NUR AN!)* Je nach Schwere der Erkrankung werden Leistungen für fünf Pflegegrade gezahlt. *Beitrags-Höchstgrenze wie bei der KV.*	Die Unfallversicherung wird von den Berufsgenossenschaften getragen und ausschließlich vom Arbeitgeber finanziert. *Die Höhe der Beiträge richtet sich nach der Gefahrenklasse, in die der Betrieb eingestuft wurde.* Der Versicherungsschutz bezieht sich nur auf solche Ereignisse, die mit der Beschäftigung im Betrieb oder dem direkten (!) Weg von und zur Arbeit zu tun haben. *Leistungen: Unfallverhütung betreiben, Unfallrente zahlen, Umschulungen, Hinterbliebenenrente u.a.*	Im Falle der Arbeitslosigkeit gibt es Arbeitslosengeld. Dies wird halb so lange gezahlt wie man dauerhaft beschäftigt war, maximal jedoch 24 Monate. *Der monatliche Betrag liegt bei > 46% des monatlichen Brutto.* Die Versicherung kostet 2,6% des Brutto und wird vom Arbeitgeber mit 1,3% hälftig mitgetragen. Auch hier gelten die Beitragsbemessungsgrenzen wie bei der Rentenversicherung. *Ist man immer noch arbeitslos, dann tritt die Grundsicherung an diese Stelle.*

Tarifauseinandersetzung

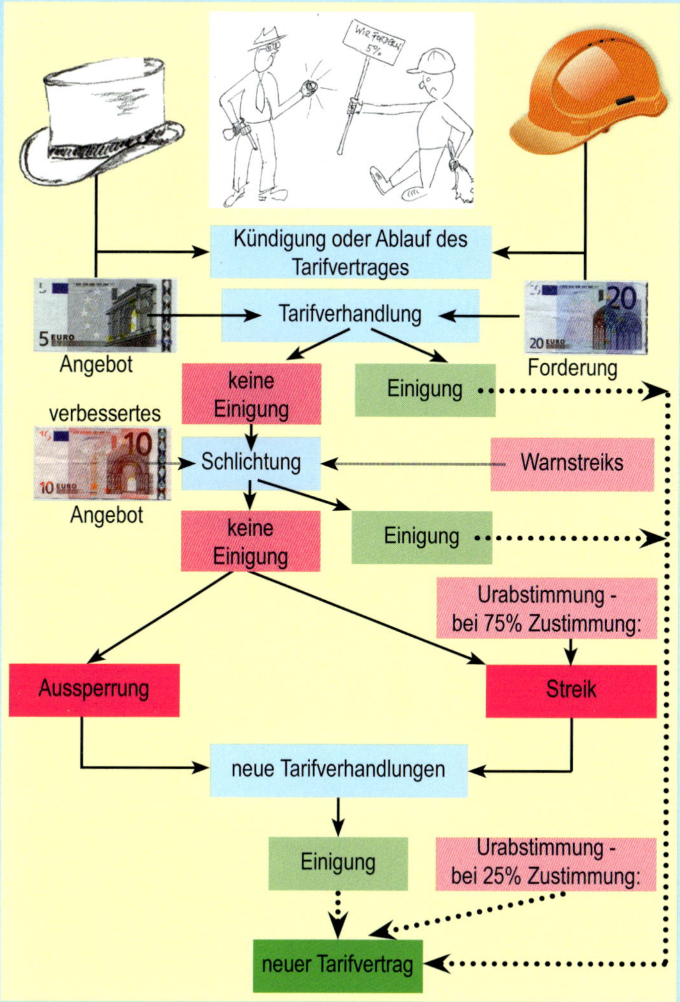

Teamarbeit

„Team“ bezeichnet einen Zusammenschluss von mehreren Personen zur Lösung einer bestimmten Aufgabe oder zur Erreichung eines bestimmten Zieles. In einem Wirtschaftsunternehmen bezeichnet „Team“ die für einen bestimmten Zweck aus Mitarbeitern zusammengesetzte Arbeits- oder Verkäufergruppe.

Voraussetzungen	Vorteile	Nachteile
▶ Anpassungsfähigkeit	▶ Jeder Mitarbeiter bringt seine speziellen Fähigkeiten ein.	▶ "Viele Köche verderben den Brei"
▶ Engagement	▶ Man lernt sich besser untereinander kennen.	▶ Man verlässt sich gern auf den anderen: „**T**oll, **E**in **A**nderer **M**acht's"
▶ Sprachverständnis	▶ Dadurch wächst die gegenseitige Unterstützung und...	▶ Aufgaben sind oft ungerecht verteilt
▶ Kommunikationsfähigkeit	▶ ...die Identifikation der Mitarbeiter mit dem Unternehmen nimmt zu und...	▶ Man kann alles auf den anderen schieben - mobben wird Mode
▶ Kritikfähigkeit	▶ ...erzeugt ein WIR-Gefühl.	▶ Diskussionen können zu Streit führen
▶ Menschenkenntnis	▶ Das wiederum hebt die Arbeitsmoral, die Arbeitszufriedenheit und ...	▶ Leistung und Verantwortung ist schwerer abzufordern
▶ Selbstdisziplin	▶ ...verbessert das Unternehmensergebnis durch z.B. höhere Umsätze.	▶ Einer dominiert - die anderen folgen brav
▶ Toleranz	▶ Was der eine nicht kann, kann der andere, man arbeitet wie in einem Netzwerk.	▶ Schwächere verstecken sich gern
	▶ Bisher verborgene Talente werden gefördert und neue Ideen produziert.	▶ Einer oder mehrere sind absolut nicht motiviert - keine Team kann dann erfolgreich sein!
	▶ Jeder darf kreativ denken, ohne gleich negativ angesehen zu werden: Veränderungen werden möglich!	▶ Neid und Missgunst können dazu führen, dass ein Team nur so gut ist wie das unmotivierteste, zänkischste, disziplinloseste Mitglied.
		▶ Manchmal werden die ausgezeichnet, die am wenigsten für das Team getan haben

Zeitarbeit

(falsch: Leiharbeit, da Leihe kostenlose Überlassung bedeutet)

Mit der Zeitarbeit werden Spitzen der Beschäftigung abgefangen - aber auch Gewinnmaximierung erreicht

Regeln	***Vorteile***	***Nachteile***
→ Die Zeitarbeit ist gesetzlich geregelt (Arbeitnehmerüberlassungsgesetz - AÜG) → Arbeitnehmer darf nicht länger als 18 Monate beim selben Arbeitgeber beschäftigt werden → Zeitarbeitsunternehmen erhalten vom Entleiher 15 % des Jahresbrutto, wenn der Verliehene schon innerhalb der ersten 3 Monate übernommen wird, dann je länger desto weniger. → Grundsätzlich gilt die ‚equal-pay-Regel', ist aber erst nach 9 Monaten erreicht → Als Mindestlohn gelten gesetzlich mindestens 15,33 €/h (Stand 01/26)	→ für Menschen mit geringem Qualifikationshintergrund guter Vermittler → ständiger Arbeitgeber, Wechsel der Arbeitsstelle deshalb einfach → dadurch auch ständige Bezahlung befriedigend abgesichert → über beste Arbeitseindrücke, die man hinterlässt, unbefristete Übernahme in ein reguläres Arbeitsverhältnis gut möglich → man kann schon in der zukünftigen Firma schnuppern, bevor man sich endgültig bewirbt → besser Zeitarbeit als Zeiten, in denen man überhaupt nicht beschäftigt ist	→ Bezahlung meist mies → kaum planbar für Jahre → gut einarbeiten - und nach kurzer Zeit wieder weg vom Fenster sein → Arbeit oft dort, wo andere nicht so gerne beschäftigt sind → kein langfristiger Aufbau von persönlichen Beziehungen möglich → man muss sich immer wieder neuen Arbeitsbedingungen und Arbeitsanforderungen stellen, was für die Ausgeglichenheit deprimierend ist → wer viele wechselnde Beschäftigungen im Lebenslauf vorweist, wird immer schwieriger ‚normal' eingestellt werden

Stichworte Personalbezogene Aufgaben

Allgemeines Gleichbehandlungsgesetz (AGG)	„Ziel des Gesetzes ist, Benachteiligungen aus Gründen der Rasse oder wegen der ethnischen Herkunft, des Geschlechts, der Religion oder Weltanschauung, einer Behinderung, des Alters oder der sexuellen Identität zu verhindern oder zu beseitigen." (§1 AGG)
Assessment-Center	(Assessment = Beurteilung) Die Probanden werden von einem Gremium (auch mit externen Beratern) auf Sachkompetenz, Sozialkompetenz, aber auch z.B. auf Stressresistenz an einem oder mehreren Tagen getestet. Testmethoden sind u.a. persönliche Interviews, Rollenspiele, Präsentationsaufgaben, Arbeitsproben, Psychotests, Intelligenztests oder Postkorbübungen
Datenschutz	Datenschutz bedeutet den Schutz personenbezogener Daten eines jeden Einzelnen vor deren unerlaubter Erhebung, Verarbeitung und Weitergabe. In den Datenschutzgesetzen (BDSG u. DSGVO) ist gesetzlich geregelt, wie diese Daten geschützt werden müssen.
Datensicherung/-sicherheit	Alle Daten müssen vor Verlust oder unerlaubtem Zugriff gesichert werden durch techn. und organisatorische Maßnahmen wie Sicherungskopien auf Festplatten oder in der Cloud (hier wiederum Schutz vor unerlaubtem externen Zugriff schwieriger).
Ende der Ausbildungszeit	Das Berufsausbildungsverhältnis (die Lehre) endet immer mit dem Bestehen der Prüfung und dessen Bekanntgabe. Am Tag danach ist der Azubi entweder ohne Job oder im Ausbildungsbetrieb „richtiger" Angestellter mit entsprechendem Salär.
Jobsharing	Mehrere Mitarbeiter teilen sich einen Vollzeit-Job 50/50 oder 60/40 o.ä. auf. Erstklassige Absprachen zwischen ihnen sind zwingend erforderlich.
Multimomentaufnahmen	Bei einer Multimomentaufnahme werden z.B. Ablaufarten in einem gleichartigen Arbeitssystem stichprobenartig erfasst. Bei statistisch genügend Stichproben (Multimomentaufnahmen MMA) kann man relativ genau auf die Gesamtheit schließen.

Stichworte Personalbezogene Aufgaben 2

Private Krankenversicherung (PKV) Jahresarbeitsentgeltgrenze	Die Beitragsbemessungsgrenzen (siehe „Sozialversicherung in Kürze“) sind auch für die PKV maßgebend – die Versicherungspflichtgrenze (Jahresarbeitsentgeltgrenze) bestimmt, wer sich privat versichern kann während die Beitragsbemessungsgrenze der Krankenversicherung den Höchstzuschuss des Arbeitgebers zum PKV-Beitrag für Arbeitnehmer festlegt.
Resturlaub	Resturlaub ist der Urlaub, den der Arbeitnehmer bis zum 31. Dezember des laufenden Jahres noch nicht genommen hat. Eine Urlaubsübertragung ins Folgejahr nur möglich, wenn dringende persönliche oder dringende betriebliche Gründe dies rechtfertigen, dann aber nur bis zum 31. März.
Urlaubs-Anspruch ab 18	6-Tage-Woche = 24 Tage /// **5-Tage-Woche = 20 Tage**
Urlaub bei z. B. Azubis < 18	< 16 = 30 Werktage; < 17 = 27 Werktage; < 18 = 25 Werktage
Zusatzurlaub	Nach § 208 Abs. 1 Sozialgesetzbuch IX (SGB IX) haben schwerbehinderte Mitarbeiter einen Anspruch auf zusätzliche 5 Urlaubstage im Kalenderjahr, wenn sie in einer 5-Tage-Woche arbeiten, sonst anteilig.

Eigene Ergänzungen

Abschreibungen (AfA)

[AfA = Absetzung für Abnutzung (→ Bürokratendeutsch)]

Warum?

Ein Anlagegut (z.B. Maschine, Firmen-Pkw) verliert jedes Jahr an Wert. Das kann ein gleichbleibender Betrag sein (lineare AfA) oder ein anfangs hoher und dann fallender Betrag (degressive AfA). Auch unterschiedliche Abschreibungshöhen sind möglich bei der nach Leistung angelegten Abschreibung. Diese **Wertminderung durch Nutzung, Verschleiß, neue Techniken oder außergewöhnliche Ereignisse** wird durch die Abschreibung dargestellt. Dadurch mindert sich der Gewinn.

Bilanzielle Abschreibung (linear)

Die Anschaffungssumme (ohne USt) zuzüglich Fracht und Montage, aber abzüglich Skonto oder Rabatt wird gleichmäßig auf die AfA-Jahre verteilt. Die AfA-Tabellen erstellt das Finanzamt. Sind nur Teile eines Jahres betroffen, wird monatsgenau gerechnet. **Beispiel:**

Solaranlage (AfA=10 J.) am 10.05.20xy

Kaufpreis	30.000,- €
- Rabatt (5%)	1.500,- €
+ Fracht	1.900,- €
<u>+ Montage</u>	<u>8.000,- €</u>
abzuschreiben	38.400,- €

Jahres-AfA = 38.400 / 10 = 3.840,- € p.a.
1. Jahr = 3.840 / 12 mon = 320,- € p.m.
320,- x 8 mon = 2.560,- € im 1. Jahr

Bilanzielle Abschreibung (degressiv)

Diese Methode war steuerrechtlich einige Jahre nicht zulässig, da sie jedoch als konjunkturfördernd gilt, wurde sie im Zuge des Wachstumschancengesetzes für bestimmte Zeiträume wieder eingeführt. Man startet z. B. mit dem 3,0-Fachen des prozentualen linearen Satzes (max. 30 %) und im Folgejahr schreibt man den gleichen Prozentsatz vom REST-Wert ab.

AfA geringwertiger Güter

Solange die erworbenen Güter den Nettowert von 800,- € nicht überschreiten, können sie sofort auf ein Mal abgeschrieben werden. Sie können aber auch in einem Pool gesammelt werden (Beträge zwischen 250,- und 1.000,- €). Dieser Pool wird dann über fünf Jahre abgeschrieben, egal, ob einzelne Güter sonst eine höhere AfA-Vorgabe durch das Finanzamt haben. Unter 250,- € kann nur direkt abgeschrieben werden.

Was spricht für lineare AfA?

→ einfach zu rechnen
→ Anschaffungskosten/Jahre
→ AfA / Jahr ist gleich hoch
→ gleiche Nutzung unterstellt

Buchung

Kontierung der Abschreibung am Jahresende:

6520 Abschreibungen auf Sachanlagen
an 0xxx Konto des Anlagevermögens

(Beispiele)
an 0700 Technische Anlagen und Maschinen
an 0840 Fuhrpark
an 0860 Büromaschinen

Betriebsabrechnungsbogen

Mehrstufig (Stufe 1 - Kostenarten verteilen auf drei Hauptkostenstellen + allgemeine Verwaltung, Stufe 2 - allg. Verwaltung verteilen nur noch auf die 3 Hauptkostenstellen)

Betriebsabrechnungsbogen						
Kostenarten	Beträge (€) vorgegeben	Schlüssel vorgegeben Summe ( ) errechnet	allg. Verwaltung €	Kühllager €	Hochregallager €	Freilager €
				Hauptkostenstellen		
Löhne	222.000	(1) 1:7:1:1 (10)	(2) 22.200	(3) 155.400	22.200	22.200
Gehälter	333.333	6:3:2:2 (13)	153.846	76.923	51.282	51.282
Fuhrpark	444.444	1:9:1:1 (12)	37.037	333.333	37.037	37.037
Verwaltung	111.000	4:2:1:1 (08)	55.500	27.750	13.875	13.875
Versicherungen	88.880	1:6:2:2 (11)	8.080	48.480	16.160	16.160
kalkulatorische Zinsen	99.990	3:5:1:1 (10)	29.997	49.995	9.999	9.999
kalkulatorische Abschreibung	234.559	2:7:2:2 (13)	36.086	126.301	36.086	36.086
∑ (Summe) Gemeinkosten	(4) 1.534.206		(5) 342.746	818.182	186.639	186.639
+ Umlage allg. Verwaltung		(5) 4:2:1 (07)		(5) 195.855	(5) 97.927	(5) 48.964
= alle Gemeinkosten je Abteilung				(6) 1.014.037	284.566	235.603
+ Einzelkosten je Abteilung				3.456.063	1.234.567	1.112.697
= Gesamt-Abteilungskosten				(7) 4.470.100	1.519.133	1.348.300
Abteilungserlöse				4.888.900	1.788.333	1.555.500
Abteilungsergebnis				(8) 418.800	269.200	207.200
Gesamtergebnis				(9) **895.200**		

Betriebsabrechnungsbogen - Rechnungen

Wenn durch eine Zahl geteilt werden muss, dann schreibe ich „ / “ für „geteilt durch“

1	Die Summe aller Anteile beträgt 1+7+1+1=10.
2	EIN Anteil von 222.000 € beträgt dann 222.000 € / 10 = 22.200 €
3	7 Anteile machen dann 22.200 € mal 7 = 155.400 € | die Schritte 1 bis 3 werden in den nachfolgenden Reihen wiederholt
4	Alle Kosten werden summiert: 222.000 + 333.333 + ... + 99.990 + 234.559 = 1.534.206 Auch die allg. Verwaltungskosten (allg.VWK), Kühllager + Hochregallager + Freilager werden summiert.
5	Die Verteilung der allg.VWK auf die drei Hauptkostenstellen KühlL-HochRL-FreiL ist vorgegeben mit dem Verhältnis 4:2:1. Die Summe aller Anteile ist 4+2+1=7, also beträgt EIN Anteil 342.746 / 7 = 48.964 € (KühlL*4 Anteile, HochRL*2, FreiL*1)
6	Bei den drei Hauptkostenstellen wird wieder summiert, z. B. KühlL: 818.182 + 195.855 = 1.014.037 €
7	Zählt man die Einzelkosten je Abteilung (vorgegeben) dazu, erhält man die Gesamt-Abteilungskosten
8	Zieht man von den Abteilungserlösen diese Gesamt-Abteilungskosten ab, erhält man die Abteilungsergebnisse.
9	Die Summe aller Abteilungsergebnisse führt zum Gesamtergebnis.

Bilanzauswertung

Bilanz zum 31.12.			
Aktiva			**Passiva**
Grundstücke	124.000 €	Eigenkapital	492.000 €
Gebäude	320.000 €	Fremdkapital Darlehen	220.000 €
Lagereinrichtung	88.000 €		
Fuhrpark	280.000 €	Langfristige Verbindlichkeiten	160.000 €
Forderungen an Kunden	32.000 €		
Kasse	12.000 €	Kurzfristige Verbindlichkeiten	80.000 €
Bank	96.000 €		
	952.000 €		952.000 €

Aufgaben

Berechnen Sie das Eigenkapital:

1. Ermitteln der Summe der Aktiva (952.000)
2. Übertragung dieser Summe auf die Passiv-Seite
3. Abziehen aller Schulden (Fremdkapital, also 952.000 - 220.000 und - 240.000)
4. Ergebnis ist das Eigenkapital.

*Ermitteln Sie die **Eigenkapitalquote** (EK-Quote) dieses Unternehmens:*

Gesamtkapital → 100 %
Eigenkapital → x %
x = Eigenkapital • 100 / Gesamtkapital
x = 492.000 • 100 / 952.000 = 52 %

Kenzahlen

Liquidität

$$\textbf{1. Grades} = \frac{\textbf{flüssige Mittel [Kasse+Bank]}}{\textbf{kurzfristige Verbindlichkeiten}} \cdot 100$$

$$L1 = \frac{108.000}{80.000} \cdot 100 = 135\ [\%]$$

→ Die kurzfristigen Schulden sind komplett durch kurzfristiges Vermögen gedeckt, d.h. jede offene Rechnung könnte sofort bezahlt werden.

Fremdkapitalquote

$$\frac{\textbf{Fremdkapital}}{\textbf{Gesamtkapital}} \cdot 100$$

$$\text{FK-Quote} = \frac{460.000}{952.000} \cdot 100 = 48\ [\%]$$

→ Die FK-Quote ist das Gegenstück zur EK-Quote (zusammen ergeben sie 100 %). Bei einer FK-Quote < 50 % wird ein Unternehmen als kreditwürdig eingestuft.

Anlageintensität

$$\frac{\textbf{Anlagevermögen}}{\textbf{Gesamtvermögen}} \cdot 100$$

$$\text{Aint} = \frac{812.000}{952.000} \cdot 100 = 85\ [\%]$$

→ Wenn Anlageintensität sehr hoch (>80%) = Unternehmen ist reaktionslangsam bei Marktveränderungen [Anlageintensität sehr niedrig = evtl. zu geringe (Neu-)investitionen]

Buchungssätze: Ausgangsrechnungen

Achtung: Forderungen aus Lieferungen und Leistungen (ggü. Kunden) sind in der **Prüfung** immer auf den entsprechenden **Unterkonten** der Kunden zu buchen! [Konten **2401 - 2499**]

Vorgang	Buchungssatz
1a) Verkauf von Handelswaren auf Ziel an Kunde *Meier e.K.*	2401 Meier e.K. an 5100 Umsatzerlöse für Handelswaren an 4800 Umsatzsteuer
1b) Gutschrift für *Meier e.K.* aufgrund einer Rücksendung von Handelswaren	5100 Umsatzerlöse für Handelswaren 4800 Umsatzsteuer an 2401 Meier e.K.
1c) Zahlungseingang des Kunden *Meier e.K.* ohne Nutzung von Skonto	2800 Bank 4800 Umsatzsteuer an 2401 Meier e.K.
1d) Zahlungseingang des Kunden *Meier e.K.* mit Abzug von Skonto	2800 Bank 5101 Erlösberichtigungen 4800 Umsatzsteuer an 2401 Meier e.K.
2) Barverkauf von Handelswaren (Kunde erhält von uns eine Quittung mit Angabe der im Kaufpreis enthaltenen MwSt.)	2880 Kasse 4800 Umsatzsteuer an 2499 Sonstige Kunden

Buchungssätze: Eingangsrechnungen

Achtung: Verbindlichkeiten aus Lieferungen und Leistungen (ggü. Lieferanten) sind in der **Prüfung** immer auf den entsprechenden Unterkonten der Lieferanten und Dienstleister zu buchen! [Konten 4401 - 4499]

Vorgang	Buchungssatz
1a) Kauf von Handelswaren auf Ziel bei Lieferant *NumberOne GmbH*	6080 Aufwendungen für Handelswaren 2600 Vorsteuer an 4401 Lieferant NumberOne
1b) Bezahlung der Eingangsrechnung (von Lieferant *NumberOne GmbH*) per Banküberweisung unter Skontoausnutzung	4401 Lieferant NumberOne an 2800 Bank an 6082 Nachlässe an 2600 Vorsteuer
2) Eingangsrechnung der *Spedition DaDa GmbH* für den Warentransport zu unserem Kunden	6140 Ausgangsfrachten 2600 Vorsteuer an 4409 Spedition DaDa GmbH
3) Kauf von Kopierpapier im örtlichen Schreibwarenhandel durch Barzahlung	6800 Büromaterial 2600 Vorsteuer an 2880 Kasse
4) Kauf von Fachliteratur im örtlichen Buchhandel durch Barzahlung	6810 Fachliteratur 2610 Vorsteuer (ermäßigter Steuersatz!) an 2880 Kasse

Buchungssätze: Eingangsrechnungen

Vorgang	Buchungssatz
5) Überweisung der monatlichen Miete für ein Außenlager	6700 Mieten, Pachten an 2800 Bank
6) Rechnung für die Bestellung von Werbeflyern bei einer Druckerei	6870 Werbung 2600 Vorsteuer an 4499 Sonstige Dienstleister
7) Eine Handelsvertreterin rechnet die für uns verkauften Handelswaren im 1. Quartal ab	6150 Vertriebsprovision 2600 Vorsteuer an 4410 Inga Emsig e. K.
8a) Kauf einer Produktionsmaschine (inkl. Monteurstunden)	0700 Technische Anlagen und Maschinen 2600 Vorsteuer an 4420 Voss Maschinenbau KG
8b) Rechnung der Spedition für die Anlieferung der Produktionsmaschine	0700 Technische Anlagen und Maschinen 2600 Vorsteuer an 4409 Spedition DaDa GmbH
8c) Bezahlung der Produktionsmaschine durch Banküberweisung unter Skontoausnutzung	4420 Voss Maschinenbau KG an 2800 Bank an 0700 Technische Anlagen und Maschinen an 2600 Vorsteuer

Beispiel-Buchung (Eingangsrechnung)

FREMD AG

WIR-GmbH

....

....

Rechnung Notebooks

5 x VISTA 200 (2342) à 444,-	2.220,00 €
3 x RAMBA 1 (3456) à 567,-	1.701,00 €
2 x ZAMBA 3 (6551) à 777,-	1.554,00 €
gesamt I	5.475,00 €
Fracht und Verpackung	25,00 €
gesamt II	5.500,00 €
Umsatzsteuer 19 %	1.045,00 €
Rechnungsbetrag	**6.545,00 €**

Zahlungsbedingungen:
10 Tage/2 % Skonto vom Warenwert; 30 Tage netto

Kauf von Notebooks (Handelswaren) auf Ziel (s. Eingangsrechnung links)	Handelswaren (2280) + Aufwend. f. Waren (6080/1)* + Vorsteuer (2600) an Verbindlichkeiten aLL (4499)
Wir begleichen diese Notebooks unter Skontoabzug (s. Eingangsrechnung)	Verbindlichkeiten aLL (4499) an Bank (2800) an Nachlässe für Waren (6082) an Vorsteuer (2600)
Wir errechnen den skontierten Überweisungsbetrag (Skonto nur vom Warenwert!)	5.475 * 0,98 = 5.365,50 + 25,00 = 5.390,50 * 1,19 = **6.414,70**
*Wir „kaufen“ das Verpackungsmaterial im Zuge der Warenlieferung	Warenbezugskosten (6081) + Vorsteuer (2600) an Verbindlichkeiten aLL (4499)
*Wir „kaufen“ die Transportdienstleistung/Fracht im Zuge der Warenlieferung	Warenbezugskosten (6081) + Vorsteuer (2600) an Verbindlichkeiten aLL (4499)

Merke: Immer, wenn wir eine Rechnung erhalten und nicht sofort überweisen, lautet der HABEN-Teil des BS: an Verbindlichkeiten aLL bzw. entsprechendes Kreditorenkonto (4499). Erst, wenn diese Verbindlichkeiten bezahlt werden, stehen diese Verbindlichkeiten aus Lieferungen und Leistungen im SOLL.

Beispiel-Buchungen (Kontoauszug)

```
Konto IBAN DE 25 4300 6000 0000 3600 25       Auszug 12
Sparkasse Menden USt-IdNr. DE 345 435 543       Blatt 1
Datum Erläuterungen                              Betrag
Kontostand in EUR am 11.11... Auszug Nr.11  34.567,55+
13.11. Eingang  Wert: 13.11....               2.455,88+
       Fremd AG
       RE 334455 - KNr 4711
       Skonto 2%
                                         --------------
Kontostand am 13.11....   11.15 Uhr          37.023,43+
Kontostand kann Beträge mit späterer Wertstellung enthalten

       Ihr Dispositionskredit 180.000 EUR
```

A

1. Im Rechnungswesen liegt der linke Kontoauszug vor. Sie kontieren:

   Bank (2800) + Umsatzsteuer (4800) + Erlösberichtigungen (5101)
   an Fremd AG (2499)

2. Ermitteln Sie den Brutto-Rechnungsbetrag!
   *98% → 2.455,88 ... 100% → 100 * 2.455,88 / 98 = 2.506,- [EUR]*

3. Ermitteln Sie den Skontobetrag (brutto)!
   2.506,00 - 2.455,88 = 50,12 [EUR]

4. Um wie viel EUR muss die Umsatzsteuer korrigiert werden?
   *119% → 50,12 ... 19% → 19 * 50,12 / 119 = 8,00 [EUR]*

```
Konto IBAN DE 25 4300 6000 0000 3600 25       Auszug 13
Sparkasse Menden USt-IdNr. DE 345 435 543       Blatt 1
Datum Erläuterungen                              Betrag
Kontostand in EUR am 13.11... Auszug Nr.12  37.023,43+
14.11. Überweisung an X Wert: 14.11....       4.856,00-
       abzüglich Skonto 3%
       RE 896524 - KNr 01946
14.11. Zinsen 11/12 (Darlehen 0815)             550,00-
                                         --------------
Kontostand am 14.11....   15.45 Uhr          31.617,43+
Kontostand kann Beträge mit späterer Wertstellung enthalten

       Ihr Dispositionskredit 180.000 EUR
```

B

1. Eine Überweisung ist zu buchen:
   Sonstige Lieferanten (4499)
   an Bank (2800) + Vorsteuer (2600) + Nachlässe (6082)

2. Die Zinsen für November werden abgebucht, Buchung:
   Zinsaufwendungen (7510)
   an Bank (2800)

3. Berechnen Sie den Brutto-Rechnungsbetrag für die Überweisung von 4.856,00 EUR

   *97% → 4.856,- ... 100% → 100 * 4.856 / 97 = 5.006,19 [EUR]*

Deckungsbeitrag + Zusatzaufträge

Der Deckungsbeitrag zeigt an, ob/in welcher Höhe ein Produkt zur **Deckung der fixen Kosten** beiträgt.

Fixe Kosten: fallen regelmäßig (und oft in gleichbleibender Höhe) an, unabhängig von der produzierten Menge oder dem Beschäftigungsgrad (z. B. Miete, Lagerkosten, Leasingraten für Maschinen, Versicherungsbeiträge, Gehälter)

Variable Kosten: entstehen in Abhängigkeit von der produzierten/eingekauften Menge (z. B. Materialkosten, leistungsabhängige Löhne, Transportkosten)

Deckungsbeitrag (DB):
Nettoverkaufserlös
– variable Kosten
= Deckungsbeitrag

DB > 0 → Artikel trägt zur Deckung der Fixkosten bei, Produktion/Verkauf lohnt sich
DB = 0 → Artikel deckt nur die variablen Kosten ab, trägt aber nicht zur Deckung der fixen Kosten bei (Verbleib im Sortiment ggf. aus strategischen Gründen)
DB < 0 → negativer Deckungsbeitrag, d. h. Artikel verursacht Kosten und sollte aus dem Sortiment eliminiert werden!

Entscheidung über die Annahme von Zusatzaufträgen

Beispiel:
Die Chairity GmbH produziert ihren ergonomischen Kinderhochstuhl "Bønnie" zu Herstellkosten von 220,00 €/Stück. Der Listenverkaufspreis liegt bei 345,00 €. Die fun4kids OHG möchte 40 Stühle zu einem maximalen Stückpreis von 300,00 € kaufen.
Sollte Chairity den Auftrag annehmen?

Rechnung:

Verkaufserlös/Stück	300,00 €
– Variable Kosten/Stück	220,00 €
= Deckungsbeitrag/Stück	80,00 €

Fazit: Durch die Auftragsannahme ergibt sich ein positiver Deckungsbeitrag von 80 € pro Stück, d.h. jedes produzierte/verkaufte Stück trägt mit 80 € zur Deckung der (ohnehin) anfallenden Fixkosten bei.
→ Der Zusatzauftrag sollte angenommen werden.

Hinweis: Selbst bei einem Stückdeckungsbeitrag von 0 € könnte Chairity überlegen, den Auftrag anzunehmen, um fun4kids als (Stamm-)Kunden für weitere Aufträge zu gewinnen.

Deckungsbeitrag bei Handelsware

mit kurz- und langfristiger Preisuntergrenze

Deckungsbeitragsrechnung in der Handelskalkulation			Erläuterungen Definitionen
		Beispiel-daten:	Die Deckungsbeitragsrechnung (DB) geht davon aus, dass in jedem Fall der Bezugspreis und die variablen Handlungskosten abgedeckt sein müssen:
+	Bezugspreis (Einstandspreis)	21,00 €	DB = Verkaufspreis - Einstandspreis - variable HK = 36,96 € - 21,00 € - 8,40 € = 7,56 €
	Handlungskosten (60 %)		
	variable HK (40 %)	+ 8,40 €	kurzfristige Preisuntergrenze => Deckungsbeitrag = 0 €
=	fixe HK (20 %)	+ 4,20 €	In unserem Beispiel könnte man kurzfristig auch für den Preis von 29,40 € anbieten, um etwa einen Konkurrenten auszuschalten, weil man dann auf den Gewinn und die fixen HKs verzichtet.
+	Selbstkosten	33,60 €	*→ku fri pu (29,40 €) = Verkaufspreis (36,96 €) - DB (7,56 €)*
=	Gewinn (10 %)	+ 3,36 €	langfristige Preisuntergrenze => Selbstkosten
	Verkaufspreis	36,96 €	Wir können einen längeren Zeitraum ohne Gewinn arbeiten, also für 33,60 € anbieten, haben dann jedoch keine eigenen Mittel für die Finanzierung (z. B. Neugestaltung, Ausweitung, Gebäude, Konjunktureinbruch etc.) Diese langfristige Preisuntergrenze ist deshalb auch nur begrenzt anwendbar!
Solange ein Artikel positive Deckungsbeiträge erzielt, sollte er im Sortiment bleiben.			Kurzfristige Preisuntergrenze = Einstandspreis + variable Handlungskosten Langfristige Preisuntergrenze = EP + HK_{VAR} + HK_{FIX} Deckungsbeitrag negativ: Artikel raus → eliminieren

Einstufige Deckungsbeitragsrechnung

allgemeines Berechnungs-Schema:

Umsatzerlöse	*[netto, also ohne Rabatte o.ä.]* *[Menge x Stückerlöse]*
./. variable Einzelkosten	*[dem Produkt direkt zurechenbare Einzelkosten]*
= Deckungsbeitrag (DB)	*[wird genutzt, um die folgenden fixen Kosten abzudecken. Der DB muss unbedingt erwirtschaftet werden, bildet daher die kurzfristige Preisuntergrenze]*
./. fixe Kosten	*[(beschäftigungsunabhängig) etwa Abschreibungen, Zinsen, Pachten, Verwaltungskosten]*
= Betriebsergebnis	*[deckt alle Kosten ab und bildet bei einem Betriebsergebnis > 0 einen vorläufigen Gewinn]*

konkretes Beispiel:

Die DADA GmbH übernimmt für ihren Kunden, die hik OHG, die Zwischenlagerung aller Produkte. Die Kapazität des Lagers bietet 7.400 Paletten-Stellplätze.

Dafür werden der hik OHG 18,50 €/Stellplatz berechnet.

Zurzeit (Oktober) sind 6.888 Plätze belegt.

An Kosten für Oktober fallen an:
K_{fix} = 87.654 € und
$K_{var[1]}$ = belegte Plätze = 2,30 € und
$K_{var[2]}$ = nicht belegte Plätze = 0,60 €

Das Betriebsergebnis für Oktober soll ermittelt werden.

konkrete Rechnung:

Umsatzerlöse
= 18,50 € x 6.888 = 127.428,00 €

./. $K_{var[1]}$ = 6.888 x 2,30 € = 15.842,40 €

./. $K_{var[2]}$ = 512 x 0,60 € = 307,20 €

= Deckungsbeitrag = 111.278,40 €
./. K_{fix} = 87.654,00 €

= Betriebsergebnis = 23.624,40 €

Schnellmerker:

Umsatzerlöse
./. K_{var} variable Kosten
= Deckungsbeitrag
./. K_{fix} fixe Kosten
= Betriebsergebnis

Dreisatzberechnungen (direkt = proportional)

je mehr - desto mehr oder je weniger - desto weniger

Beispiel 1

In dem Elektronik-Fachmarkt HIKHAK GmbH werden zurzeit 25 Fachkräfte beschäftigt, die im Durchschnitt jeder 3.200 Kunden im Jahr betreuen mussten. Die Geschäftsentwicklung zeigt eine deutliche Zunahme der Kunden auf 3.840. Wie viel Fachkräfte müssten neu eingestellt werden?

3.200 Kunden → 25 Fachkräfte
3.840 Kunden → x Fachkräfte

x = 3.840 • 25 / 3.200 = 30,

also müssen 5 neue Fachkräfte eingestellt werden.

einfachste Regeln

2 Eis kosten 1,80 €. Wie viel kosten 3 Eis?

Wir wissen: $2\,Eis \rightarrow 1{,}80\,Euro$

also gilt: $1\,Eis \rightarrow \frac{1{,}80\,Euro}{2}$

damit gilt: $3\,Eis \rightarrow \frac{1{,}80\,Euro}{2} \cdot 3 = 2{,}70\,Euro$

kurz: $2\,Eis \rightarrow 1{,}80\,Euro$
$3\,Eis \rightarrow x\,Euro$

$$x = \frac{3 \cdot 1{,}80\,Euro}{2} = 2{,}70\,Euro$$

also: steht das x rechts unten, dann multipliziert man ***immer*** „neben x mal über x" und teilt (/) dann durch die übriggebliebene Zahl oben links.

Beispiel 2

Für das Wischen unserer Scheiben bezahlten wir bisher 4.444,- € für 1.120 m² Fensterfront. Durch bauliche Veränderungen wurden die Scheibenquadratmeter auf 770 m² reduziert. Wie viel Euro müssen wir nun bezahlen? Und wie viel Euro haben wir eingespart?

1.120 m² → 4.444,- €
770 m² → x €

x = 770 • 4.444 / 1.120 = 3.055,25€

Wir müssen nun nur noch 3.055,25€ zahlen, also sparen wir 4.444,00 - 3.055,25 = 1.388,75 €.

Durchschnittsberechnungen

Wenn durch eine Zahl geteilt werden muss, dann schreibe ich „ / “ für „geteilt durch“

Beispiel Umsatz pro Kunde

Theresa erzielte im Mai folgende Umsätze:
133.731,00 € bei 351 Kunden.
Wie viel Umsatz hat jeder Kunde im Durchschnitt gemacht?

Dreisatz:

351 Kunden 133.731 €
1 Kunde x €

x = 1 • 133.731 / 351 = 381 €/K

Beispiel Durchschnittsgewicht

Paket A wiegt 18 kg, Paket B 7 kg und Paket C 2 kg.
Wie viel wiegen die drei Pakete im Durchschnitt?

1. Alle kg addieren→Summe
18 + 7 + 2 = 27 = Summe
2. Summe durch Datenanzahl teilen: 27 / 3 = 9 kg wiegen die drei Pakete im Durchschnitt.

allgemeine Regel:
Datensumme/Datenanzahl

...und jetzt SIE:

Filiale A: 76 m² - Umsatz 17.784 €
Filiale B: 122 m² - Umsatz 24.156 €

Berechnen Sie den Umsatz-Durchschnitt pro m² bei beiden Filialen!

Lösung:
A: 17.784 / 76 = 234
B: 24.156 /122 = 198

Aylin verdient 1.876,- €, Finn erhält 1.922,- €, Sophie 2.222,- € und Yusuf 2.104,- €.
Wie viel € erhalten sie im Durchschnitt?

Lösung:
(1.876 + 1.922 + 2.222 + 2.104) / 4
= 2.031

Beispiel aus dem Lagerbereich

Im Jahr 2025 wurden folgende Bestände an „Festplatten extern 2,5‘ 2TB“ Bezugspreis 55,00 € festgestellt:

Bestand am	Stück
31.12.2024	13
31.03.2025	18
30.06.2025	31
30.09.2025	23
31.12.2025	15

Verkauft wurden bisher 60 Stück (WE in € = 60 • 55 = 3.300).

a. Bestimmen Sie den durchschnittlichen Lagerbestand!
b. Ermitteln Sie die Umschlagshäufigkeit!
c. Bestimmen Sie die durchschnittliche Lagerdauer!
d. Beurteilen Sie die Datenlage anhand Ihrer Ergebnisse!

Lösungen:

a. Schritt 1: Alle Bestände werden addiert → 100
Schritt 2: Die Summe der Bestände (100) wird durch die Datenanzahl (5) geteilt →
100 / 5 = 20
Der durchschnittliche Lagerbestand beträgt 20.

b. Der gesamte Wareneinsatz betrug 60 Stück. Wir hätten also das Lager insgesamt 3 mal auffüllen müssen, um die Verkaufsmenge bereit zu stellen (UH=WE/DLB)
UH = 60 / 20 = 3

c. Wenn man das Lager 3 mal auffüllen musste, betrug die Lagerdauer ein Drittel Jahr:
DLD = 360/UH = 360/3=120

d. Das ist ein Penner-Artikel, der 120 Tage im Regal schmort!

Ergebnistabelle der HIKHAK AG (in Tausend €) [GuV stark verkürzt]

Rechnungskreis I				Rechnungskreis II					
Erfolgsbereich				Abgrenzungsbereich				Kosten- u. Leistungsrechnung	
Unternehmensergebnis - Übernahme GuV				Betriebsfremde Abgrenzungen		Kostenrechnerische Korrekturen		Betriebsergebnis	
Konto	Bezeichnung	Aufwendungen	Erträge	neutrale Aufwendungen	neutrale Erträge	betriebliche Aufwendungen	Verrechnete Erträge	Kosten	Leistungen
5000	Umsatzerlöse		111						111
5100	UE Handelswaren		3.333						3.333
5401	Nebenerlöse		33				33		
5710	Zinserträge		22		22				
6000	Aufw. f. Rohstoffe	55						55	
6080	Aufw. f. Handelsw.	1.111						1.111	
6200	Fertigungslöhne	166						166	
6300	Gehälter	777						777	
6520	Abschreibungen	150				150			
6700	Mieten	15						15	
6800	Büromaterial	26						26	
7510	Zinsaufwand	30				30			
kalk.	*Abschreibung*						180	180	
kalk.	*Zinsen*						34	34	
	Summen ∑	2.330	3.499		22	180	247	2.364	3.444
	Salden	1.169	minus →	22	minus →	67	gleich →	1.080	
		Gesamtergebnis						Betriebsergebnis	

So gehen Sie vor:

1. Sie übernehmen die Aufwendungen und Erträge aus der GuV
2. Sie übernehmen die (aufwandsgleichen) Kosten und die Erträge der Geschäftsbuchführung ins Betriebsergebnis (gelbe Zahlen)
3. Sie korrigieren diese Zahlen durch die Abgrenzungen und Kostenkorrekturen (im Kreis)
4. Sie notieren die kalkulatorischen Kosten (blau)
5. Sie ermitteln die jeweiligen Summen und Salden

Gewinn- und Verlustrechnung

8020 GuV-Konto (Monat Mai)

Soll Aufwendungen	€	Erträge	**Haben** €
6080 Aufw. f. Waren	350.000	5100 Umsatzerlöse f. Waren	630.000
6300 Gehälter	180.000	5600 Erträge aus Wertpapieren	8.500
6700 Mieten	12.000		
6870 Werbung	15.000		
6900 Versicherungen	1.400		
6050 Aufw. f. Energie	2.800		
Gewinn	77.300		
	638.500		638.500

GuV-Konto abschließen:

1) Aufwendungen auf Soll-Seite addieren
2) Erträge auf Haben-Seite addieren
3) Differenz aus den beiden Salden bilden
4) Ermittelten Gewinn o. Verlust auf der richtigen Seite eintragen
5) Übertrag auf EK-Konto

Übertrag

3000 Eigenkapital

Soll			**Haben**
		Anfangsbestand	850.000
		8020 GuV	77.300

Umsatzerlöse > Aufwendungen = Gewinn
erhöhen das EK-Konto (Mehrung auf Haben-Seite)

Umsatzerlöse < Aufwendungen = Verlust
vermindern das EK-Konto (Minderung auf Soll-Seite)

Handelskalkulation: Ermittlung des Angebotpreises

mit Kundenskonto und/oder Kundenrabatt

Berechnung des Verkaufspreises

BeHa, SelGe, BaSko, ZiRa Lis Um Brut

Bezeichnung	Prozent	Euro
Bezugspreis		200,00
+ Handlungskosten	(1) 20	+ 40,00
= Selbstkostenpreis		240,00
+ Gewinnzuschlag	(2) 10	+ 24,00
= (Netto) Bar-Verkaufspreis		264,00
+ Kundenskonto (im Hundert)	(3) 3	8,16
= Ziel-Verkaufspreis		272,16
+ Kundenrabatt (im Hundert)	(4) 15	48,03
= (Netto)Listen-Verkaufspreis		320,19
+ Umsatzsteuer	(5) 19	+ 60,84
= Brutto-Listen-Verkaufspreis		381,03

Berechnungen

Sobald Kalkulationen den Kunden erreichen (Skonto, Rabatt), müssen Sie beachten, dass der Kunde „von hinten“ rechnet, in unserem Beispiel zieht er seine 15% einfach vom Listenverkaufspreis ab. Also müssen wir schlauerweise beim Zielverkaufspreis schon von 85% ausgehen. Man nennt das „im-Hundert-Rechnung“.

(1)
100% ↔ 200,00 €
20% ↔ x €
x = 20 · 200 : 100 = 40

(2)
100% ↔ 240,00 €
10% ↔ x €
x = 10 · 240 : 100 = 24

(3)
97% ↔ 264,00 €
3% ↔ x €
x = 3 · 264 : 97 = 8,16

(4)
85% ↔ 272,16 €
15% ↔ x €
x = 15 · 272,16 : 85 = 48,03

(5)
100% ↔ 320,19 €
19% ↔ x €
x = 19 · 320,19 : 100 = 60,84

Handelskalkulation:
Gewinn-Ermittlung

bei festem Listen<u>ver</u>kaufspreis (netto) und festem Listen<u>ein</u>kaufspreis (netto)

Bezeichnung	%	Euro	Berechnungen (* multiplizieren)(/ dividieren)	
Listeneinkaufspreis (netto)		**100,00**	100% ↔ 100,- €	x = 10 * 100/100 = 10 €
- Lieferer-Rabatt	10	- 10,00	10% ↔ x €	
= Zieleinkaufspreis		= 90,00		
- Lieferer-Skonto	3	- 2,70	100% ↔ 90,- €	x = 3 * 90/100 = 2,70 €
= Bareinkaufspreis		= 87,30	3% ↔ x €	
+ Bezugskosten 2,00 €/Stück		+ 2,00		
= Bezugs- (Einstands-)preis (netto)		= 89,30		
+ Handlungs(-gemein-)kosten	40	+ 35,72	100% ↔ 89,30 €	x = 40 * 89,30/100 = 35,72 €
= Selbstkosten		= 125,02	40% ↔ x €	
+ Gewinn [130,90 - 125,02 = 5,88]	4,7	5,88	125,02 ↔ 100%; 5,88 = x	x = 5,88 * 100/125,02 = 4,7 %
= Barverkaufspreis		= 130,90	100% ↔ 170,- €	x = 20 * 170/100 = 34 €
+ Kundenskonto	3	- 5,10	20% ↔ x €	
+ Vertreterprovision	20	- 34,00	100% ↔ 170,- € 3% ↔ x €	x = 3 * 170/100 = 5,10 €
= Zielverkaufspreis		= 170,00	100% ↔ 200,- €	x = 15 * 200/100 = 30 €
+ Kundenrabatt	15	- 30,00	15% ↔ x €	
= Listenverkaufspreis (netto)		**200,00**		

Inventur + Inventar (= Bestandsverzeichnis)

Inventur: körperliche oder buchmäßige Bestandsaufnahme aller Vermögensgegenstände und Schulden eines Unternehmens

Stichtags- und verlegte Inventur	permanente Inventur	Inventurdifferenzen	Inventar
Bestandsaufnahme durch Zählen, Messen, Wiegen Am Bilanz-Stichtag (± 10 Tage) werden alle Bestände des Betriebs körperlich aufgenommen. *Bei der verlegten Inventur kann ein Tag in den letzten drei Monaten vor oder zwei Monaten nach dem Bilanzstichtag gewählt werden.* *Vorteile: Genauigkeit am Tag der Bestandsaufnahme, Differenzen zwischen Inventur und Bilanzstichtag werden wertmäßig, aber nicht mengenmäßig erfasst oder ausgeglichen.* Nachteile: Arbeitsüberhäufung, Betriebsunterbrechung, Umsatzverlust und Durchführung der Inventur mit teilweise ungeschulten Kräften (Aushilfen, Studenten, Schüler).	*Datenerfassung bei Ein- und Abgängen* Im Gegensatz zur Stichtagsinventur werden die Bestände nicht an einem bestimmten Stichtag körperlich aufgenommen, sondern „laufend" während des ganzen Geschäftsjahres. Am Bilanzstichtag werden die Bestände aus der buchmäßigen Bestandsfortschreibung in das Inventar übernommen. *Vorteile: keine Unterbrechung des Geschäftsbetriebes, sachkundiges Personal, ständiger Überblick.* Nachteile: Lagerbuchhaltung notwendig und einmal im Jahr Soll-Ist-Vergleich (= körperliche Bestandsaufnahme) machen!	= Differenz zwischen der tatsächlich vorhandenen Menge (Ist-Bestand) und der lt. Buchhaltung angeblich vorhandenen Menge (Soll-Bestand). *Gründe: Fehlerhafte Mengenangabe bei Ein-/Ausbuchung von Artikeln, vergessene Lagerbuchungen, Diebstahl,...* *Konsequenz: Korrekturbuchung auf jeweiligen Bestandskonten nötig* **Buchinventur** Die Buchinventur erstreckt sich auf alle nicht körperlichen Gegenstände z. B: - Forderungen - Bankguthaben - alle Arten von Schulden	Das Inventar ist das ausführliche Bestandsverzeichnis aller Vermögensteile und Schulden eines Unternehmens zu einem bestimmten Stichtag nach deren Art, Menge und Wert. Das Inventar besteht aus drei Teilen: 1. Vermögen 2. Schulden (= Fremdkapital) 3. Eigenkapital *dabei gilt:* Summe des Vermögens - Summe der Schulden (FK) = E i g e n k a p i t a l (EK)

Prozentberechnungen

Wenn durch eine Zahl geteilt werden muss, dann schreibe ich „ / “ für „geteilt durch“

Prozente aus Texten

Wir kalkulieren einen Artikel mit einem Bezugspreis von 22,22 € mit einem Handlungskostenzuschlag von 88 %. Berechen Sie den Selbstkostenpreis!

100% → 22,22 €
88% → x €
x = 88 • 22,22 / 100 = 19,55 €

Selbstkosten = 22,22 + 19,55 = 41,77 €

Wir verkaufen diesen Artikel NETTO für 50 €. Berechnen Sie die Gewinnspanne in %.

41,77 € → 100%
50,00 € → x%
x = 50 • 100 / 41,77 = 119,7 %
damit beträgt die Gewinnspanne 119,7% - 100% = 19,7%

Prozente aus Kreisdiagramm

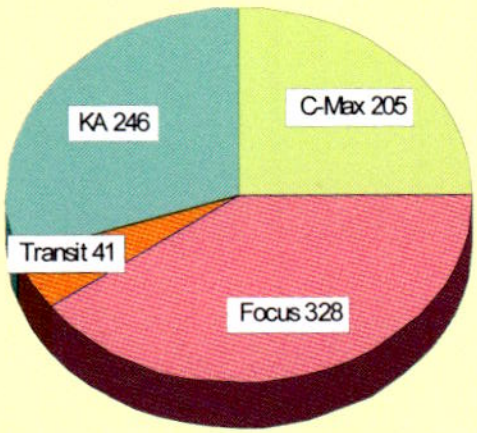

Ein Autohändler verkaufte im letzten Jahr die oben zu sehenden Autos.
Wie viel Prozent Focus hat er verkauft?
100% sind alle Fahrzeuge → 246+205+328+41 = 820 (alle)

820 Autos → 100%
328 Focus → x%
x = 328 • 100 / 820 = 40 %

Prozente aus Säulendiagramm

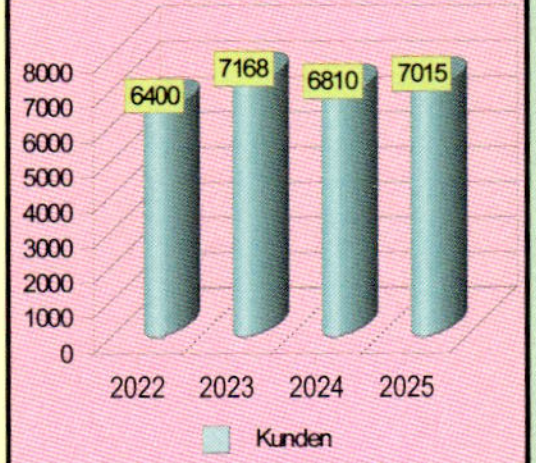

Die Grafik zeigt die Entwicklung unserer Kundenzahlen. Im Jahr 2024 hatten wir einen neuen Konkurrenten.
Wie viel Prozent Kunden sind uns dabei verloren gegangen?

2023: 7.168 → 100%
2024: 6.810 → x%
x = 6.810 • 100 / 7.168 = 95%,
also sind uns 5% der Kunden verloren gegangen.

verminderte und vermehrte GW

Nach einer internen Einsparung von 15 % können wir eine Leuchte für 119 € verkaufen. *Das sind also nur noch 85 %!!*

85% → 119 €
100% → x €
x = 100 • 119 / 85 = 140 €.
Die Leuchte kostete vorher 140 €.

Nach einer Gehaltserhöhung um 4 % erhält Giulia Maria 1.872,00 €. *Das sind also jetzt 104 %!!* Wie hoch war ihr Gehalt vorher?

104% → 1.872 €
100% → x €
x = 100 • 1.872 / 104 = 1.800,-€,
also erhielt Giulia Maria vorher 1.800 €.

Quartalsabschluss

Gegebene Werte (durch Inventur und Hauptbuch)

Ermittelte Werte

Soll		2280 Handelswaren	Haben
Anfangsbestand	125.000 €	Schlussbest. lt. Inventur	89.000 €
		6080	36.000 €
	125.000 €		125.000 €

Inventurbestand (89.000 €) ist **geringer** als **Anfangsbestand** (125.000 €)
→ **Bestandsminderung 36.000 €**
(Übertrag auf Konto 6080 im Soll)

Buchungssatz Bestandsminderung: 6080 an 2280
[Buchungssatz Bestandsmehrung: 2280 an 6080]

Soll		6080 Aufw. f. Handelswaren	Haben
Zugang am 03.01.	43.200 €	6082	9.800 €
Zugang am 15.02.	31.600 €	GuV	176.400 €
Zugang am 18.03.	75.400 €		
2280	36.000 €		
	186.200 €		186.200 €

Ermittlung des Wareneinsatzes:

Summe der Zugänge auf Konto 6080	150.200 €
+ Bestandsminderung	36.000 €
– Nachlässe	9.800 €
= Wareneinsatz (Übertrag auf **GuV**)	**176.400 €**

Soll		6082 Nachlässe f. Handelswaren	Haben
6080	9.800 €	Nachlass am 24.02.	9.800 €
	9.800 €		9.800 €

Skonto lohnt (fast) immer

Wir kaufen für 2.452,00 € ein Regalsystem. Wir können diesen Betrag innerhalb von 30 Tagen zahlen - oder unter Abzug von 3 % Skonto, wenn wir innerhalb von 10 Tagen bezahlen. Ein dafür notwendiger Kredit kostet 12 % Zinsen.

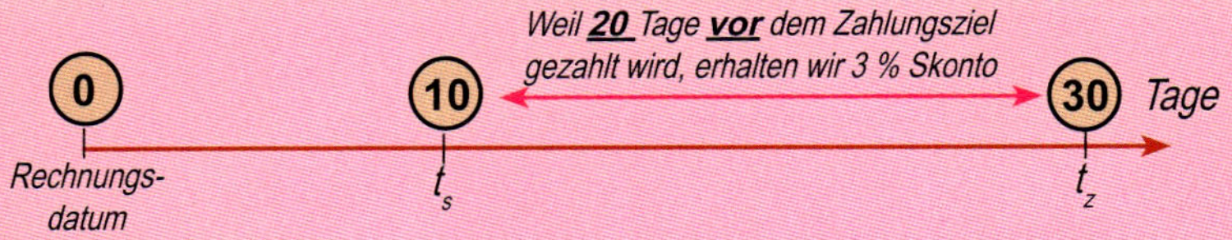

1. Wir zahlen nach 30 Tagen: 2.452,00 €.
2. Wir zahlen nach 10 Tagen: 2.452,00 € - 3 % Skonto (73,56) = 2.378,44 €
3. Wir erhalten für 20 Tage (t_z - t_s = 30 - 10) 3 % Nachlass. Auf ein kaufmännisches Jahr (360 Tage) bezogen, ergibt sich:

für 20 Tage → 3%
für 360 Tage → x%

$$x = \frac{360 \cdot 3}{20} = 54[\%]$$

(reicht für einen einfachen Überschlag)

4. Da diese Verzinsung sich auf 2.452,00 € bezieht, wir jedoch nur 97 % (100 % - 3 % Skonto) gezahlt haben, müssen wir rechnen:

$$x = \frac{360 \cdot 3}{20} \cdot \frac{100}{97} = 55{,}67[\%]$$

oder allgemein:

$$Zins(effektiv) = \frac{Skonto\% \cdot 360 \cdot 100}{(t_z - t_s) \cdot (100 - Skonto\%)}$$

5. Die 55,67 % sind besser als die 12 % Kreditzinsen!

$$z = \frac{K \cdot t \cdot p}{100 \cdot 360} = \frac{2.378{,}44 \cdot 20 \cdot 12}{100 \cdot 360} = 15{,}86 \; Euro\ Kreditzinsen$$

6. Unser Vorteil: Skonto (73,56 €) - Kreditzinsen (15,86 €) = 57,70 €

Verteilungsrechnungen

Wenn durch eine Zahl geteilt werden muss, dann schreibe ich „ / “ für „geteilt durch“

Gewichts- und Wertspesen verteilen

Wir erhalten vom Importeur folgende Lieferung:

100 Festplatten HJK 1 TB ex	38 kg	30 € je Festplatte
40 Tablets „S.U.P.I.“ 10,1‘	82 kg	180 € je Tablet
120 Monitore 24‘ „Havealook“	480 kg	58 € je Monitor

Wir zahlen an Gewichtsspesen 330 € und an Wertspesen 429 €

Gewichtsspesen-Verteilung

1. Wir addieren alle Gewichte
   38 kg
   \+ 82 kg
   \+ 480 kg
   Summe kg → 600 kg
2. Berechnung für 1 kg:
   600 kg → 330 €
   1 kg → x €
   x = 1 • 330 / 600 = 0,55 €/kg
3. Multiplikation 0,55 €/kg mit den einzelnen Gewichten
   FP - 38 kg • 0,55 = 20,90 €
   Tab - 82 kg • 0,55 = 45,10 €
   MO-480 kg • 0,55 = 264,00 €

Wertspesen-Verteilung

1. Wir addieren alle Werte in €:
   100 FP • 30 € = 3.000,- €
   40 Tabs • 180 € = 7.200,- €
   120 MO • 58 € = 6.960,- €
   Summe € →17.160,- €
2. Berechnung für 1 € Wert:
   17.160 W → 429 € Spesen
   1 W → x € Spesen
   x = 1 • 429 / 17.160 = 0,025
3. Multiplikation 0,025 mit den einzelnen Werten
   FP - 3.000 • 0,025 = 75,- €
   Tab - 7.200 • 0,025 = 180,- €
   MO - 6.960 • 0,025 = 174,- €

In der Bezugskalkulation müssten für die FP 20,90 + 75,- € angesetzt werden

Prämien für Mitarbeiter nach Umsatz verteilen

Die Mitarbeiter der PC-HIKHAK-GmbH erhalten am Ende des Jahres insgesamt einen Bonus von 3.000,- €, der auf die Jahresumsätze der einzelnen Mitarbeiter verteilt werden soll.
David hat für insgesamt 103.001 € verkauft.
Lennart konnte 141.444 € Umsatz erwirtschaften.
Vincent schoss mit 155.555 € Umsatz den Vogel ab.

Die Verteilung

1. Wir addieren alle Umsätze
   David 103.001,- € persönlicher Umsatz im letzten Jahr
   Lennart 141.444,- € persönlicher Umsatz im letzten Jahr
   Vincent 155.555,- € persönlicher Umsatz im letzten Jahr
   Umsätze gesamt 400.000,- €
2. Berechnung für 1 € Umsatz
   Auf 400.000 € Umsatz werden 3.000,- € Prämie verteilt
   Auf 1 € Umsatz entfallen x € Prämie
   x = 1 • 3.000 / 400.000 = 0,0075
3. Multiplikation 0,0075 mit den einzelnen Umsatzwerten
   David 103.001 • 0,0075 = 772,51 € Prämie
   Lennart 141.444 • 0,0075 = 1.060,83 € Prämie
   Vincent 155.555 • 0,0075 = 1.166,66 € Prämie
   alle zusammen erhalten 3.000,00 € Prämie

Bei David und Vincent musste gerundet werden, hier zugunsten Davids

Vollkostenrechnung (Zuschlags-/Selbstkostenkalkulation)

Kalkulationsschema	Zuschlagssätze	Kosten für ein Stück	Rechenweg
Fertigungsmaterial		240,00 €	
+ Materialgemeinkosten	75 %	**180,00 €**	240,00 * 75 %
= Materialkosten		**420,00 €**	240,00 + 180,00
+ Fertigungslöhne		195,00 €	
+ Fertigungsgemeinkosten	130 %	**253,50 €**	195,00 * 130 %
= Fertigungskosten		**448,50 €**	195,00 + 253,50
= Herstellkosten		**868,50 €**	420,00 + 448,50
+ Verwaltungsgemeinkosten	12 %	**104,22 €**	868,50 * 12 %
+ Vertriebsgemeinkosten	6 %	**52,11 €**	868,50 * 6 %
= (Normal-)Selbstkosten		**1.024,83 €**	868,50 + 104,22 + 52,11

Gegebene Werte = ***Blau***

Errechnete Werte = ***Rot***

Die Nachkalkulation ergab **Ist-Selbstkosten** in Höhe von 1.100 €/Stück.
1.024,83 € – 1.100 € = – 75,17 €

Die Ist-Selbstkosten liegen somit um 75,17 € über den geplanten Normal-Selbstkosten
→ **Kostenunterdeckung**

Gründe: z. B. höherer Materialverbrauch, höhere Fertigungskosten, höhere Fertigungslöhne als geplant

Der umgekehrte Fall wäre die *Kostenüberdeckung*.

Zinsberechnungen

Wenn durch eine Zahl geteilt werden muss, dann schreibe ich „ / “ für „geteilt durch“

Zins-Berechnungen	Tage-Berechnungen	Kapital-Berechnungen	Prozent-Berechnungen	Besonderheiten
$z = \frac{k \cdot t \cdot p}{100 \cdot 360}$ oder in Kurzschreibweise **z = k•t•p / 36.000** Eine ausstehende Forderung über 2.345 € wird vom 15.01. bis zum 28.08. mit 7 % verzinst. Berechnen Sie die Zinsen und die neue Gesamtforderung! *1. Differenztage* = 223 → *siehe rechte Spalte* *2. Zinsen* z = k•t•p / 36.000 = 2.345•223•7/36.000 = 101,68 € *3. Gesamtforderung* FO = 2.345 + 101,68 = 2.446,68 €	$t = \frac{100 \cdot 360 \cdot z}{k \cdot p}$ oder in Kurzschreibweise **t = 36.000•z /k /p** Für wie viele Tage hat Lucia (18) ihr Konto bei 11 % Zinsen überzogen, das ein Minus von 355,10 € aufweist, wenn ihr 3,58 € abgebucht wurden - und wie hoch ist ihr neues Minus? *1. Tageberechnung* t = 36.000•z /k /p t = 36.000•3,58/355,10/11 = 32,99 → 33 Tage *2. neues Minus* 355,10 + 3,58 = 358,68 €	$k = \frac{100 \cdot 360 \cdot z}{t \cdot p}$ oder in Kurzschreibweise **k = 36.000•z /t /p** Vincent schwärmt von seinen 8,44 € Zinsen, die er bei 1,5 % vom 15.01. bis zum 08.06. erwirtschaftet hat. Wie hoch waren sein altes und neues Kapital (Ersparnis)? *1. Differenztage* = 143 → *siehe rechte Spalte* *2. Kapitalberechnung* k = 36.000•z /t /p k = 36.000•8,44/143/1,5 = 1.416,50 € (alt) *3. neues Kapital* 1.416,50+8,44= 1.424,94	$p = \frac{100 \cdot 360 \cdot z}{k \cdot t}$ oder in Kurzschreibweise **p = 36.000•z /k /t** Rebekka möchte wissen, wie viel Prozent sie für ihr Guthaben in Höhe von 2.222,22 € erhalten hat, für das sie in der Zeit vom 17.11. bis zum 10.02. des nächsten Jahres mit 11,11 € Zinsen belohnt wurde. *1. Differenztage* = 83 → *siehe rechte Spalte* *2. Prozentberechnung* p = 36.000•z /k /t p = 36.000 • 11,11 / 2.222,22 / 83 p = 2,16846 %	1 Jahr = 360 Tage 1 Monat = 30 Tage Zeitdifferenzen zwischen zwei Terminen: Regel: Später - Früher 15.01. - 28.08. → 28|08. - 15|01. 13|07 → 7(Monate) • 30 + 13 Tage = 223 15.01. - 08.06. → 08|06. - 15|01. - 07|05 → 5(Monate)• 30 - 7 Tage = 143 17.11. - 10.02.nJ= 10.14. 10|14. - 17|11. - 07|03 → 3(Monate)• 30 - 7 Tage = 83

Break-even-Point (BEP)
Erlöse = Gesamtkosten K_{fix} + $K_{variabel}$

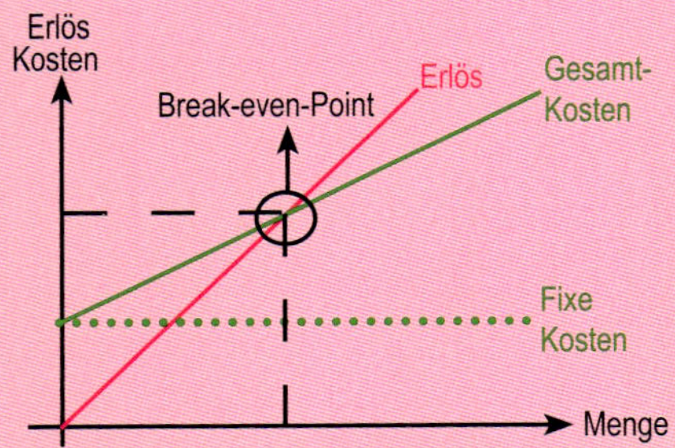

Im Zusammenhang mit der Deckungsbeitragsrechnung kann man feststellen, dass der BEP erreicht wird, wenn die Deckungsbeiträge pro Stück die Fixkosten decken:

$$BEP = \frac{Fixkosten}{Deckungsbeitrag\ /\ Stck}$$

Deckungsbeitrag/Stck = Erlös/Stck - variable Kosten/Stck
= 999 € - 777 € = 222 €

<u>Beispiel-Aufgabe:</u>
Ein Produkt wird hergestellt zu folgenden Kosten:

variable Kosten	777,- €
fixe Kosten	24.642,- €
Erlös	999,- €

Formel: **Erlöse = Kosten**

Menge * Preis = fixe + variable Kosten

Menge * Preis = K_{fix} + K_{var} * Menge

Rechnung:		
	999,- € * x	= 24.642,- € + 777,- € * x | - 777,- € * x
	999,- € * x - 777 € * x	= 24.642,- €
	222,- € * x	= 24.642,- € | : 222,- €
	x	**= 111 Stück** = Break-even-Point

Kommt irgendein Kommawert raus → <u>immer</u> aufrunden, sonst hat man die Abdeckung aller Kosten noch nicht erreicht!
Mit den 111 Stück hat man alle Kosten abgedeckt, also fixe und variable Kosten. Ab dem 112 ten Stück produzieren wir mit Gewinn.

Arbeitsplatzsicherheit / Sicherheit am Arbeitsplatz

Jobsicherheit

Berufliche Sicherheit ist die Wahrscheinlichkeit, keine Kündigung in den nächsten Jahren zu erhalten.
Jobsicherheit ist umso mehr gegeben, desto konjunkturunabhängiger die Arbeitsstelle ist.
Über 2/3 aller Beschäftigten setzen diese Sicherheit an die erste Stelle ihrer Wünsche.
Zukunftsträchtige Jobs locken mit einer sicheren Zukunft, müssen es aber nicht sein.

Sicherheiten schaffen durch

- → Vermeiden von Risiken
- → Prozesse sollten auf Arbeitnehmer zugeschnitten werden
- → Die Arbeitsumgebung sollte „arbeitsfreundlich“ gestaltet werden
- → Der neueste technische Stand sollte erreicht sein
- → Ständige Schulungen der Arbeitnehmer sollten Anpassungen an Prozess und Maschine optimieren
- → Ausreichender Brandschutz muss gewährleistet sein
- → Eine ausreichende Maschineneinweisung muss eingeplant werden
- → Auf angepasste, funktionstüchtige Arbeitskleidung ist zu achten
- → Dazu gehört auch die entsprechende Schutzausrüstung
- → Das Unternehmen sollte medizinisch präventive Maßnahmen ergriffen haben

Arbeitsschutz

- → Arbeitsplatz muss frei von Gefahren sein
- → Arbeitnehmer muss geistig qualifiziert sein
- → Arbeitnehmer muss körperlich dazu in der Lage sein, d.h. hier spielen Alter, Geschlecht, Behinderungen eine wesentliche Rolle
- → Arbeitnehmer sollte bei Unfall- und Gesundheitsgefahren bei der Aufnahme der Beschäftigung und sonst regelmäßig untersucht werden

Gebotszeichen (rund, blau)

Rettungszeichen (eckig, grün)

Verbotszeichen (rund, rot)

Warnzeichen (dreieckig, gelb)

Besitz und Eigentum
Eigentumsvorbehalt

Besitz und Eigentum

Besitz = tatsächliche Herrschaft über eine Sache
Eigentum = rechtliche Herrschaft über eine Sache

Rebekka hat das Rad zum Geburtstag geschenkt bekommen. Sie ist Eigentümerin.

Lennart, ihr Bruder, macht einen Ausflug mit diesem Rad. Er ist für den Ausflug Besitzer des Rades.

Eigentumsvorbehalte

„Bis zur vollständigen Bezahlung bleibt die Ware unser Eigentum“, schreibt der Verkäufer.

normaler Eigentumsvorbehalt	Der Verkäufer bleibt Eigentümer, bis die letzte Rate bezahlt ist.
verlängerter Eigentumsvorbehalt	Der Besitzer der Ware darf die Ware weiterverkaufen, sichert aber dem Verkäufer (Eigentümer) den Erlös zu.
erweiterter Eigentumsvorbehalt	Der Besitzer sichert dem Eigentümer (Verkäufer) auch die Erlöse aus anderen Warenverkäufen zu.

Erwerbswirtschaftliche Ziele
Warum gründet oder führt man ein Unternehmen?

Ökonomische Ziele	Soziale Ziele	Ökologische Ziele
* Gewinne maximieren * Eigenkapitalrendite optimieren * Gesamtkapitalrendite optimieren * Marktanteile erweitern und den Markt beherrschen * schnell wachsen * Produkte optimieren * Qualität auf höchstem Niveau anstreben * ständig Innovationen fördern und technisch realisieren * die Organisation der betrieblichen Abläufe optimieren * Kosten minimieren * die Mitarbeiter mit dem Unternehmen identifizieren (Corporate Identity)	* Arbeitsplätze schaffen und für optimale Arbeitsplatzsicherheit sorgen * die Arbeitnehmer durch den Betriebsrat mitbestimmen lassen * angemessene oder verbesserte Löhne und Gehälter * Weiterbildungen ermöglichen * Aufstiege im Unternehmen fördern * das Firmen-Image durch freiwillige soziale Leistungen verbessern - Urlaubsgeld - Personalrabatte - Geburtsbeihilfen - Betriebsrente - Sportzuschüsse	* die natürlichen Ressourcen schonen * die Produkte umweltfreundlicher herstellen durch - Abfallvermeidung (Reduzierung unnötiger Verpackungen) - Abfallminderung (möglichst keine Schadstoffe verwenden) - Recycling (Wieder- oder Weiterverbrauch von Rohstoffen) - neueste Produktionsverfahren (möglichst emmissionsfrei, also keine Schadstoffe durch den Schornstein) * Stetiges Nachdenken über neue Entwicklungen (Gen-Produkte, Kinderarbeit, Ausbeutung...)

Zielkonflikte (kleine Auswahl)

ökologisch: nachhaltig Materialien planen ↔ ökonomisch: Schwachstellen planen, um Produktlebenszyklus zu verkürzen
ökologisch: Abfallvermeidung schon bei der Herstellung planen ↔ ökonomisch: augenfällige Verpackung werbetechnisch nutzen
ökonomisch: Kosten beim Personal reduzieren ↔ sozial: Leistungswille der Mitarbeiter runterbrechen
sozial: Häuser bauen ↔ ökologisch: Flächenversiegelung in Kauf nehmen

Finanzierungsarten

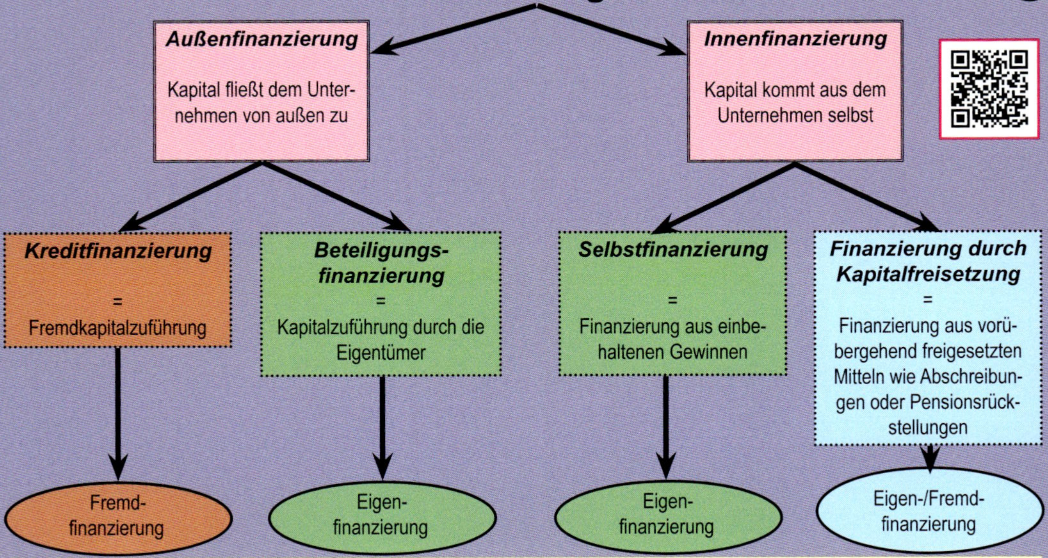

Einige andere (moderne) Finanzierungsarten:
Factoring (Forderungsverkauf) - Leasing (Mieten von Anlagen) - Franchising (Übernahme von Know-how und Marketing) - Sale-Lease-Back-Verfahren (Verkauf der Anlagen und gleichzeitiges Anmieten dieser Anlagen)

Franchising		Firmen-Leasing	
Beispiele: McDonalds, Benetton, Schülerhilfe, Backwerk, OBI, vom Fass, Yves Rocher, Fitness First, das Futterhaus, Kamps, KFC, Burger King, subway, Backkönig, Coca-Cola, Pepsi, Hertz...		*Anwendungs-Beispiele: Autos, Maschinen, Büroausstattung (Kopierer, Drucker...), IT- und Kommunikationssysteme (Telefone, Internetzugänge, Speicherplatz), Personal, Immobilien...*	
Der Franchise-Geber stellt dem Franchise-Nehmer Geschäftskonzept, Name, Markennutzungsrechte, Idee, Organisation, Beschaffung und Marketing für einen Teilmarkt zur Verfügung.		Leasing kommt aus dem Englischen und heißt „mieten“ oder „pachten“. Der Leasinggeber überlässt das Auto, die Maschine oder auch den Mitarbeiter eine Zeit lang dem Leasingnehmer gegen Entgelt.	
Vorteile Franchise-Nehmer	**Nachteile Franchise-Nehmer**	**Vorteile Leasing-Nehmer**	**Nachteile Leasing-Nehmer**
▶ schneller Markteintritt ▶ Nutzung des Marketing, etwa durch einheitliche Werbung ▶ Einheitlicher Auftritt und dadurch hoher Wiedererkennungswert ▶ bekannte, effiziente Arbeitsabläufe ▶ Größenvorteile bei der Beschaffung nutzen ▶ Schulungen und Weiterbildungen beim Franchise-Geber	▶ Absatzrisiko - aber geringe unternehmerische Freiheit ▶ muss sich fast ausschließlich nur auf das Franchise-Sortiment beschränken ▶ Anfangsinvestitionen beträchtlich, etwa durch die Lizenzzahlung, aber niedriger als bei eigener Geschäftsgründung ▶ Franchise-Gebühren bis zu 33% des eigenen Umsatzes ▶ keine gesetzliche Grundlage	▶ Kein großer Anschaffungs-Kredit notwendig, sondern nur monatliche Zahlungen ▶ Damit ist der LN liquide geblieben oder geworden ▶ Durch die relativ kurze Laufzeit (meist 3 Jahre), altern die Geräte oder das Auto nicht, sie werden durch neueste Modelle ersetzt ▶ Das Finanzamt erkennt die Leasingraten als Aufwand an (Regel)	▶ laufende Leasingraten belasten laufende Liquidität ▶ Über das Auto oder die Maschine kann der LN nicht so verfügen als sei es sein Eigentum (z. B. kein Verkauf) ▶ zusätzliche Belastungen wie (Vollkasko-)Versicherungen, z. B. Inventarversicherungen, Autoversicherungen sind üblich ▶ Vetragsauflösungen vor Ablauf sind teuer

Gewinnverteilung KG oder GmbH & Co. KG

Gesellschafter	Kapital €	Verzinsung* z.B. 4 % vom Kapital	Restgewinn vereinbart* Anteile	Restgewinn vereinbart* €	Gesamtgewinn €
V = Vollhafter (bei der GmbH & Co. KG die GmbH) = Komplementär	50.000,-	2.000,-	6	139.680,-	141.680,-
T1 = Teilhafter 1	100.000,-	4.000,-	3	69.840,-	73.840,-
T2 = Teilhafter 2	30.000,-	1.200,-	1	23.280,-	24.480,-
Summen	180.000,-	7.200,-	10	232.800,-	240.000,-
					- 7.200,-
					232.800,-

Schritt 1	vorgegebene Daten *(laut Gesellschaftervertrag)
Schritt 2	Verzinsung errechnen und Summen bilden
Schritt 3	Zinssumme vom Gesamtgewinn abziehen
Schritt 4	Restgewinn auf Anteile verteilen [232.800/10 · 6(3)(1)]
Schritt 5	anteilige Zinsen + Restgewinne summieren – PROBE

*Änderung HGB: Seit 01.01.2024 Gewinnverteilung nur noch nach vertraglicher Vereinbarung. (4%-ige Verzinsung auf Kapitalanteil keine gesetzliche Pflicht mehr.)

Berechnung des Gleichgewichtspreises

Nachfrager	Nachfrage-Menge	für maximal €	Nachfrage zusammen	Anbieter	Angebots-Menge	für minimal €	Angebote zusammen
N1	40	55	90 = 40 + 20 + 30, weil auch N2 und N3 für 55 € kaufen würden	A1	20	55	20
N2	20	60	50 = 20 + 30, weil N3 auch für 60 € kaufen würde	A2	30	60	50 = 30 + 20, weil A1 auch für 60 € verkaufen würde
N3	30	66	30	A3	45	66	95 = 45 + 30 + 20, weil A1 und A2 auch für 66 € verkaufen würden

Wenn N3 für 66 € kaufen würde, dann tut er das ganz sicher auch für 60 € - und für 55 € kauft jeder.
Fertigen Sie also in jedem Fall eine Spalte „zusammen" auf Ihrem Prüfungsbogen an!
Rechnung: N-Mengen mit höchstem Max + N mit zweithöchstem Max +....+ N mit niedrigstem Max addieren

Wenn A1 für 55 € verkaufen würde, dann tut er das ganz sicher auch für 60 € - und für 66 € verkauft jeder.
Fertigen Sie also in jedem Fall eine Spalte „zusammen" auf Ihrem Prüfungsbogen an!
Rechnung: A-Mengen mit niedrigstem Min + A mit zweitniedrigsten Min +....+ A mit höchstem Min addieren

Jetzt schauen wir nach, ob es bei der „Nachfrage zusammen" und den „Angebote zusammen" irgendwo eine Übereinstimmung gibt. Dies ist hier bei 50 und 50 gegeben. Somit liegt der Gleichgewichtspreis bei 60 €.

Wann beginnt ein Kaufvertrag?

Regel 1: ZWEI <u>übereinstimmende</u> Willenserklärungen müssen vorliegen

Regel 2: Schweigen bedeutet in der Regel Ablehnung

	Verkäufer		Ergebnis		Käufer	
1	Verkäufer verschickt Werbung/ schaltet Anzeigen/gestaltet Schaufenster/Kataloge/Postwurfsendung = **KEINE** Willenserklärung		**KEIN** Kaufvertrag, da nur **EINE** Willenserklärung	←	Käufer bestellt aufgrund einer Werbung = 1. Willenserklärung	2
2	Verkäufer bestätigt die Bestellung = 2. Willenserklärung	→	Kaufvertrag	←	Käufer bestellt aufgrund einer Werbung = 1. Willenserklärung	1
2	Verkäufer schickt Angebot = 1. Willenserklärung	→	**KEIN** Kaufvertrag, da nur **EINE** Willenserklärung		Käufer stellt Anfrage = **KEINE** Willenserklärung	1
1	Verkäufer schickt Angebot = 1. Willenserklärung	→	**KEIN** Kaufvertrag, da Willenserklärungen **NICHT** übereinstimmen	← (gepunktet)	Käufer ändert bei seiner Bestellung das Angebot ab = **NEUE** 1. Willenserklärung	2
2	Verkäufer bestätigt die abgeänderte Bestellung = 2. Willenserklärung	→	Kaufvertrag	←	Käufer ändert bei seiner Bestellung das Angebot ab = **NEUE** 1. Willenserklärung	1
1	Verkäufer schickt Angebot = 1. Willenserklärung	→	Kaufvertrag	←	Käufer bestellt auf Grund des vorliegenden Angebotes = 2. Willenserklärung	2

(Kauf-)Vertrags-Arten

Ein Vertrag kommt durch 2 übereinstimmende Willenserklärungen zustande

Kauf auf Probe	Rückgabemöglichkeit, alle Fernkäufe (z. B. Internet) sind Käufe auf Probe
Kauf zur Probe	Kleine Menge, um z. B. Material auszuprobieren
Kauf nach Probe	...nach Probieren, nach Muster (Teppich, Kaffee)
bürgerlicher Kauf	beide Partner sind Privatpersonen
einseitiger Handelskauf	ein Partner Kaufmann, der andere Privatperson
zweiseitiger Handelskauf	beide Partner Kaufleute
Gattungskauf	Produkt in großem Umfang verfügbar (Ziegelsteine)
Stückkauf	einzelnes spezielles Produkt, unverwechselbar (Mona Lisa, Maschine nach eigenen Vorstellungen und Entwürfen)
Ramschkauf	Kauf ohne Nachprüfung auf ein einzelnes Gut (bei Versteigerungen, containerweise im Hafen), Mängel sind akzeptiert
Spezifikationskauf	Spezielle Eigenschaften können später festgelegt werden (spezielles Automodell – Farbe später)
Terminkauf	Datum der Lieferung wird kalendermäßig festgelegt (Nachfrist bei Verzug erforderlich)
Fixkauf	Die Bezeichnung „fix“ (mit Datum) erscheint in der Willenserklärung. Lieferung vorher und nachher nicht möglich. Keine Nachfrist erforderlich.
Teillieferungskauf	Zu festen vereinbarten Zeitpunkten werden feste Mengen geliefert
Kauf auf Abruf	Zu variablen Zeitpunkten werden variable Mengen eines festgelegten Rahmens (Rahmenvertrag) geliefert
Werkvertrag	***Erfolg*** ist die Voraussetzung für die Zahlung (Reparatur eines Autos)
Typenkauf	Kauf eines normierten Produktes
Dienstleistungsvertrag	Arbeit ja - Erfolg nicht zwingend (Bezahlung auch bei Misserfolg eines Angestellten)

Käufer- und Verkäufermarkt

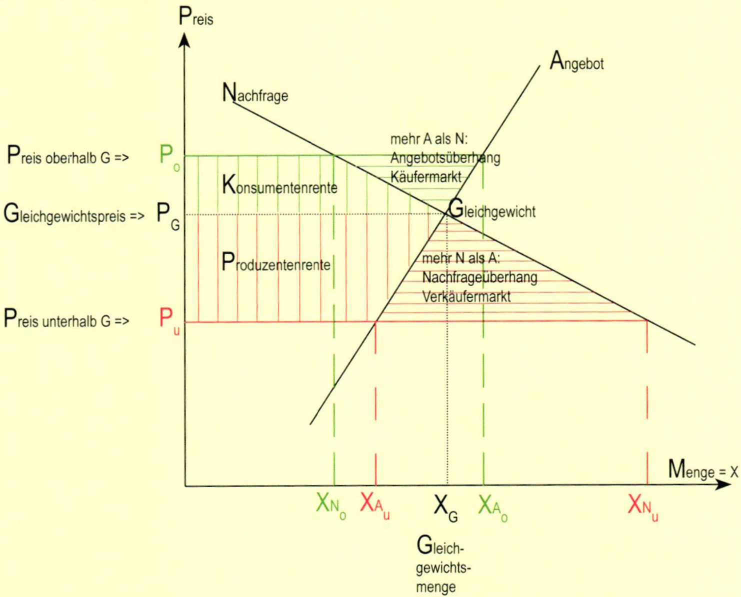

Das marktwirtschaftliche Gleichgewicht liegt immer im Schnittpunkt der Angebots- und Nachfragekurve.

Wird ein Gut etwa zu P_o angeboten, fragen die Nachfrager die Menge X_{No} nach, weit weniger als die Anbieter mit X_{Ao} anbieten. Durch diesen Angebotsüberhang ist der Käufer im Vorteil (Käufermarkt) und verschafft ihm eine ‚Konsumentenrente'.

Bei einem Preis unterhalb des Gleichgewichts hat der Verkäufer den Vorteil, dass auf sein Angebot von X_{Au} eine riesige Nachfrage mit X_{Nu} wartet. Jetzt hat er den Vorteil und erzielt hier auf dem Verkäufermarkt seine ‚Produzentenrente'.

Konjunkturzyklen

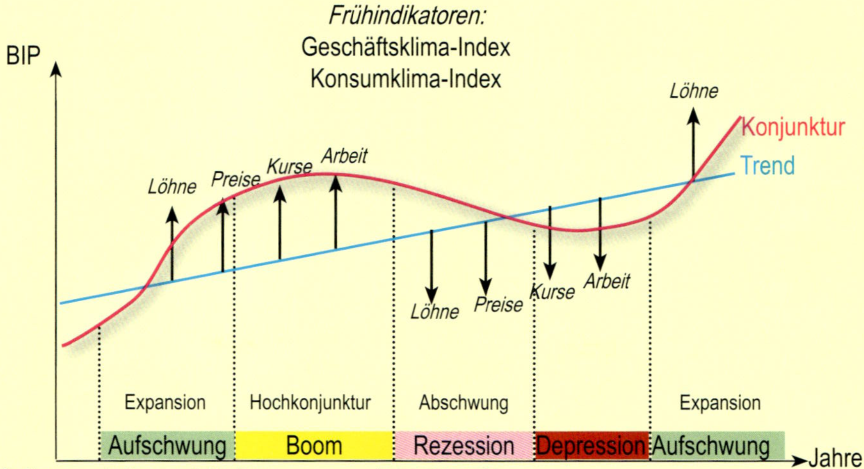

Staatliche Maßnahmen:

Auftragszurückhaltung
Investitionszurückhaltung
Steuern erhöhen

Auftragsvergabe
Investitionen fördern oder tätigen
Steuern senken
Beschäftigungsprogramme

Kreditfinanzierung

Personalkredit

Bürgschaftskredit

Ausfallbürgschaft

(Gedicht von Friedrich Schiller „Die Bürgschaft“: Freund wird nur dann erhängt, wenn Schuldner nicht zurückkehrt - ausfällt)

selbstschuldnerische Bürgschaft

keine Einrede zur Vorausklage = Gläubiger kann auch direkt an den Bürgen herantreten

Zessionskredit

<u>Einzel-Zession</u>
meist offen (Bausparkasse)

<u>Mantel-Zession:</u>
Teil-Summe an Forderungen wird still abgetreten

<u>Global-Zession:</u>
alle Forderungen werden still abgetreten

Das Factoring ähnelt diesem Verfahren, wenn unterstellt wird, dass alles offen gehandhabt wird

Wechselkredite

→ Wechsel wird bei der Bank diskontiert
→ Bank akzeptiert Wechsel und kauft an
→ Bank bürgt für (guten) Kunden

Zession - Factoring:
Die Zession wird meist von Banken als Sicherheitsgrundlage gewählt und ist meist still wegen des Kundenrufs.
Das Factoring ist offen und soll den Kunden von der lästigen Arbeit des Inkassos befreien.

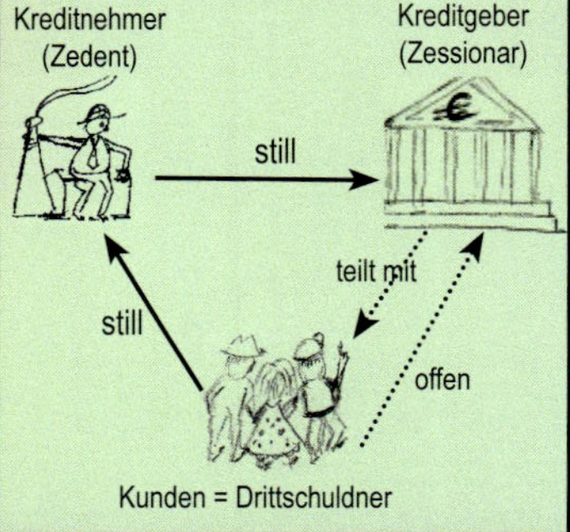

Realkredit

Verpfändung

Im täglichen Industrie-Ablauf entbehrlich: Sachen und Rechte wie Wechsel, Wertpapiere, Edelmetall
→ ***Übergabe***

Besitzer = Gläubiger
Eigentümer = Schuldner

Sicherungsübereignung

Maschinen, Anlagen, Fahrzeuge, schweres Gerät verbleiben beim Schuldner, damit er seine Produktion fortsetzen kann
→ ***Übereignung***

Besitzer = Schuldner
Eigentümer = Gläubiger

<u>Grundpfandkredit</u> - Pfandrecht an einer Immobilie. Dies erfolgt durch Eintragung ins Grundbuch nach Rängen. Im Schulfall wird erst der 1. Rang bedient, dann der 2. Rang u.s.w.

Rembourskredit - Beleihung von Verfügungspapieren wie z. B. Konnossemente (Seetransport)

<u>Hypothek</u>
→ Es besteht eine persönliche Forderung. Auch der Schuldner haftet persönlich.

<u>Grundschuld</u>
→ Es gibt nur eine dingliche, aber keine persönliche Haftung.

Lieferungsverzug
(Nicht-Rechtzeitig-Lieferung)

Voraussetzungen	Rechte *wahlweise:*	Rechte beim Fixkauf
- nicht rechtzeitig geliefert ***oder*** schuldhaft nicht geliefert + Leistung noch möglich - **Mahnung** wenn Liefertermin ***NICHT*** kalendermäßig bestimmt, sonst Mahnung überflüssig - **Nachfrist** setzen für Rücktritt/Schadenersatz - **Verschulden** wenn höhere Gewalt, dann **keine** Rechtsfolgen	- **Erfüllung** - **Erfüllung + Schadenersatz** - **Rücktritt vom Vertrag + Schadenersatz** (nach Nachfrist) - **Schadenersatz** (nach Nachfrist)	- **Erfüllung** (aber: unverzügliche Mitteilung an den Verkäufer) - **Rücktritt ohne Nachfrist** (ohne Rücksicht auf Verschulden) - **Schadenersatz** (bei Verschulden) *Möglichkeiten für Schadenersatz:* *konkret:* *berechenbar* *abstrakt:* *geschätzt (entgangener Gewinn)* *vertraglich:* *Konventionalstrafe*

Mängelarten

Bezeichnung

- ***Mangel in der Menge***
  = Quantitätsmangel
  => zu viel - zu wenig
- ***Mangel in der Art***
  = Gattungsmangel
  => es wird etwas anderes als bestellt geliefert
- ***Mangel in der Qualität***
  = Sachmangel
  => Sache verwendbar, hat aber Fehler
- ***Mangel in der Beschaffenheit***
  = Sachmangel
  => Sache beschädigt, verdorben, zerstört
- ***digitaler Mangel***
  gilt auch bei „Paketverträgen“ (wenn digitale Ware Hauptbestandteil ist)

Erkennbarkeit

- ***Offener Mangel***
  => Mangel ist sofort erkennbar
- ***Versteckter Mangel***
  => wird erst später endeckt
- ***arglistig verschwiegener Mangel***
  => Fehler ist dem Verkäufer bekannt, wird aber von ihm bewusst verschwiegen

Was tun?

- *beim einseitigen Handelskauf (HK) hat der Käufer zwei Jahre Zeit für das Entdecken und Rügen für offene und versteckte Mängel*
- *beim zweiseitigen HK (Handelsgeschäft) muss das Prüfen und Rügen unverzüglich stattfinden*
- *beim arglistig verschwiegenen Mangel muss unverzüglich nach Entdeckung innerhalb von drei Jahren gerügt werden*

Mangelhafte Lieferung (Schlechtleistung)

Mängelarten	Pflichten des Käufers	Rechte des Käufers
– **Sachmängel** (Beschaffenheit, falsche Versprechungen, falsche Kennzeichnungen, falsche Montage, falsche Sache, zu geringe Menge, neu seit 2022: digitale Mängel, Inkompatibilität) – **Rechtsmängel** – **Erkennbarkeit** – offen – versteckt – arglistig verschwiegen	– **zweiseitiger Handelskauf (Handelsgeschäft)** – unverzüglich prüfen (unverzüglich = ohne schuldhaftes Verzögern) – unverzüglich rügen (arglistig: 3 Jahre) – **einseitiger Handelskauf** – prüfen und rügen innerhalb von zwei Jahren	– **Nacherfüllung** (vorrangig) – Nachbesserung – Ersatzlieferung danach (nachrangig): – **Rücktritt vom Vertrag** – **Minderung** – **Schadenersatz**

Besonderheiten:
*Beim einseitigen Handelskauf gilt in den ersten 12 Monaten die **Beweislastumkehr** (d. h. der Verkäufer muss beweisen, dass das gelieferte Produkt mangelfrei war).*
Nach dem Produkthaftungsgesetz haften die VK auch für Schäden an Personen und Sachen.

Marktformen

Anbieter \ Nachfrager	viele	wenige	einer
viele	Polypol *Beispiele: Wochenmarkt, Gebrauchtwagenmarkt, Supermarkt, Arbeitsmarkt*	Nachfrageoligopol *Großmolkereien ↔ Bauern*	Nachfragemonopol *olivfarbene Gefechts-unterwäsche ↔ Bundeswehr*
wenige	Angebotsoligopol *Beispiele: Nachrüstkatalysatoren, Dieselpartikelfilter*	zweiseitiges Oligopol *Kerosin von Shell, Aral, BP o.ä. ↔ Fluggesellschaften*	beschränktes Nachfragemonopol *öffentlicher Kanal ↔ Tiefbauer*
einer	Angebotsmonopol *Staatliche Arbeitslosenversicherung ↔ Arbeitslose*	beschränktes Angebotsmonopol *patentgeschütztes Medikament ↔ begrenzter Krankenkreis*	zweiseitiges Monopol *Panzer von Krauss-Maffei--Wegmann ↔ Bundesrepublik*

Marktgleichgewicht - *aus der Sicht der Anbieter*

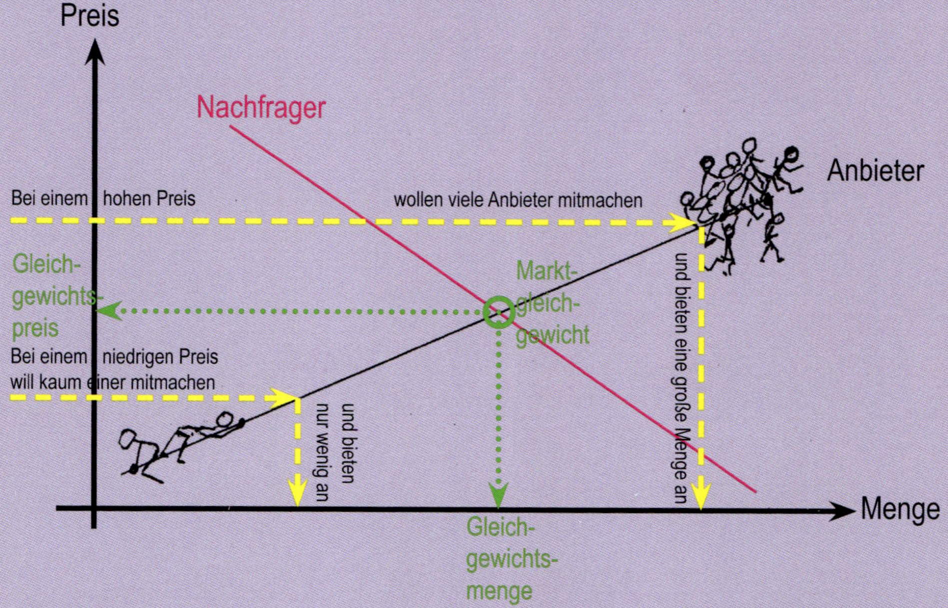

Marktgleichgewicht - *aus der Sicht der Nachfrager*

Im Gleichgewicht ○ kaufen die Nachfrager alle Angebote und die Anbieter werden alle Kaufobjekte los. Beide Seiten sind zufrieden.

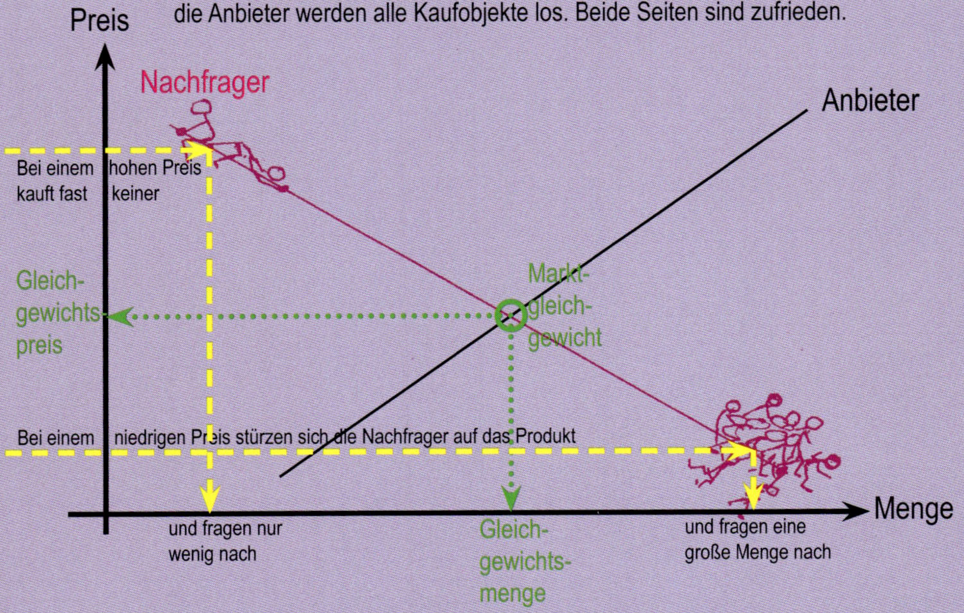

Das ökonomische Prinzip

Es gilt immer: Ein Faktor ist fest - einer ist variabel

Falsch: beide Faktoren variabel

Das Minimalprinzip

ZIEL FEST - WIRD ERREICHT MIT MINIMALEN MITTELN

Beispiele:

- Umsatz von 2 Mio € mit den <u>geringsten</u> Kosten erzielen
- Prüfung irgendwie schaffen mit <u>minimalem</u> Aufwand
- 2.400 Stück am Tag fertigen mit <u>möglichst wenig</u> Personal
- Von Pontius nach Pilatus fahren mit <u>niedrigstem</u> Spritverbrauch
- Urlaub von zwei Wochen wird nach dem <u>günstigsten</u> Angebot ausgewählt
- Ich möchte auf dem <u>kürzesten</u> Weg die Ware zu meinem Käufer (Ort=fest) transportieren
- Unser Bürgermeister vergibt die Bauarbeiten für die neue Straße an den <u>preiswertesten</u> Bieter

Das Maximalprinzip

MITTEL GEGEBEN - ZIEL MAXIMIEREN

Beispiele:

- Kostenvolumen 6 Mio € - <u>möglichst hohen</u> Umsatz erzielen
- Jeden Tag 2 Stunden Vorbereitung - Prüfung <u>bestmöglich</u> schaffen
- Mit 100 Mitarbeitern <u>so viel</u> Stück <u>wie möglich</u> am Tag fertigen
- Mit 20 Litern Benzin <u>so weit</u> fahren <u>wie möglich</u>
- Eine Familie versucht, mit ihrem Familieneinkommen <u>möglichst viele</u> Güter einzukaufen
- Sie haben 1000 Euro und wollen damit <u>so lange</u> in Urlaub fahren <u>wie möglich</u>
- Aus einem Lederstück werden <u>so viel</u> Schuhsohlen <u>wie möglich</u> geschnitten

Rechtsgeschäfte

Einseitige Rechtsgeschäfte: Willenserklärung nur ***einer*** Person erforderlich		**Zweiseitige Rechtsgeschäfte:** ***Übereinstimmende*** Willenserklärungen von ***zwei*** Personen erforderlich → ***Vertrag***	
empfangsbedürftig	**nicht** empfangsbedürftig	**einseitig** verpflichtend = EINER verpflichtet sich zu einer bestimmten Leistung	**zweiseitig** verpflichtend = BEIDE verpflichten sich zu einer bestimmten Leistung
Mahnung **Anfechtung** **Kündigung** Diese Rechtshandlungen müssen den Empfänger auch erreicht haben (Einschreiben/Rückschein/ Mahnbescheid) oder durch persönliches Überreichen im Geschäft/Büro/zu Hause erfolgt sein.	**Testament** *„Ich vermache meiner Enkelin Carmen die Finca auf Mallorca“* - wird auch ohne vorheriges Wissen Carmens rechtswirksam. **Auslobung** *„Zahle demjenigen 500 €, der mir meinen Hund Rasputin zurückbringt“.* Die 500 € müssen auch an einen ungeliebten Nachbarn ausgezahlt werden.	**Schenkung** Eine Schenkung ist ein Vertrag, bei dem nur der Schenkende eine Leistung erbringen muss. **Bürgschaft** Der Bürge haftet für die Schulden eines Dritten, etwa die Eltern für den Auto-Kredit ihres Kindes. Dieser Vertrag muss (außer bei Kaufleuten) schriftlich fixiert sein mit der Hauptschuld, dem Betrag und dem Gläubiger.	**Kauf** Der Verkäufer veräußert Sachen oder Rechte gegen Bezahlung. **Miete** Der Vermieter stellt Wohnraum zur Verfügung, der Mieter zahlt dafür ein monatliches Entgelt. **Werkvertrag** z.B. ändert die Schneiderin die Hosenlänge, der Auftraggeber zahlt, *aber nur bei Erfolg!*

Unternehmen im Vergleich

Unternehmensform	Mindestkapital	Haftung	Geschäftsführung innen	Geschäftsführg. außen	Gewinne und Verluste	Organe
Einzelunternehmen e.K., e.Kfm., e.Kfr. → Handelsregister A	-	mit dem gesamten Vermögen, auch privat	Der Inhaber darf und muss die Geschäftsführung ausüben		erhält den gesamten Gewinn und trägt alle Verluste	-
OHG = Offene Handelsgesellschaft → Handelsregister A	-	alle Gesellschafter mit dem gesamten Vermögen, auch privat: solidarisch, unmittelbar und unbeschränkt	jeder Gesellschafter allein - Widerspruchsrecht vereinbar - oder dass für bestimmte Geschäfte ALLE zustimmen müssen	jeder Gesellschafter allein (die internen Vereinbarungen gelten nach außen nicht!)	ab 2024: nach Vereinbarung der Gesellschafterversammlung (*alt:* 4 % auf Kapital, Rest nach Köpfen)	-
KG = Kommanditgesellschaft → Handelsregister A	-	Vollhafter (Komplementäre) haften wie die Ges. in der OHG *Teilhafter haften nur mit ihrer Einlage*	Vollhafter (Komplementäre) haben Geschäftsführungsbefugnis *Die Teilhafter (Kommanditisten) haben das Bilanzkontrollrecht und ein Widerspruchsrecht bei außerordentlichen Geschäften*	Vollhafter (Komplementäre) haben Geschäftsführungsbefugnis *Die Teilhafter (Kommanditisten) können Prokura erhalten*	ab 2024: nach Vereinbarung der Gesellschafterversammlung (*alt:* 4 % auf Kapital, Rest in angemessenem Verhältnis)	-
GmbH = Gesellschaft mit beschränkter Haftung → Handelsregister B <u>erst mit Eintragung GmbH</u>	Stammkapital mindestens 25.000 €	Die GmbH haftet nur bis zur Höhe ihres Stammkapitals	Ein Geschäftsführer oder mehrere gemeinsam		Gewinn und Verlust im Verhältnis der Geschäftsanteile	Geschäftsführer Aufsichtsrat (ab 500) Gesellschafter-Versammlung
AG = Aktiengesellschaft → Handelsregister B	Grundkapital mindestens 50.000 €	Die AG haftet nur bis zur Höhe ihres Grundkapitals	Alle Vorstandsmitglieder gemeinsam		Gewinn: Im Verhältnis der Aktienanteile = Dividende *Verlust: mit dem sinkenden Aktienwert*	Vorstand Aufsichtsrat Hauptversammlung

Verjährungsfristen

3 Jahre = Regelverjährung Beginn: 31.12.	2 Jahre Beginn: Datum KV/WV	5 Jahre Beginn Abnahme/Übergabe	10 Jahre Beginn: Fälligkeit	30 Jahre Beginn; Fälligkeit
> bei fehlenden Regelungen > bei Lieferungsverzug > bei Zahlungsverzug > bei Annahmeverzug (NICHT bei Schlechtleistung!) > bei arglistig verschwiegenen Mängeln > bei unerlaubten Handlungen > bei regelmäßigen Leistungen	> bei Gewährleistungsansprüchen aus Kauf- und Werkverträgen bei EINseitigen Handelskäufen (KEINE Bauwerke)	> bei einem Werkvertrag iV mit einem Bauwerk > bei einem Kaufvertrag zum Erwerb eines Bauwerkes	> für Ansprüche bei Rechten aus einem Grundstück	> Herausgabe von Eigentum > rechtskräftige Ansprüche > Vollstreckungs-Ansprüche > familien- und erbrechtliche Ansprüche > Schadensersatzansprüche, die auf Verletzung von Leben, Körper, Gesundheit und Freiheit beruhen
Beispiel: A(21) hat am 14.03.2025 eine Rechnung für seine Karaoke-anlage erhalten. Verjährungsende: 31.12.2025 + 3 Ja = 31.12.2028	Beispiel: A(21) hat am 14.03.2025 einen Wackel-Schreibtisch gekauft. Bis zum 14.03.2027 kann er den Mangel rügen und muss in den ersten 12 Monaten (also bis 14.03.2026) NICHTS beweisen. Die Frist dieser sog. Beweislastumkehr wurde 2022 für Verbraucher von 6 auf 12 Monate verlängert.	Beispiel: A (21) hat sich am 14.03.2025 Parkett verlegen lassen. Rüge-/Verjährungsfrist bis zum 14.03.2030	Beispiel: A (21) hat sich am 14.03.2025 eine Eigentumswohnung gekauft (Eintragung ins Grundbuch) Rüge-/Verjährungsfrist bis zum 14.03.2035	Beispiel: A(21) hat am 14.03.2025 einen Vollstreckungsbescheid durch das Gericht erhalten. Rüge-/Verjährungsfrist bis zum 14.03.2055

Unterbrechung der Verjährung = Neubeginn der Verjährung Ein Neubeginn wird ausgelöst durch - Bitte um Stundung/Verlängerung des Zahlungsziels - Abschlags- oder Zinszahlung - Stellung eines Pfandes - Beantragung einer gerichtlichen Vollstreckungshandlung	Beispiel: A(21) hat am 14.03.2025 eine Rechnung für seine Karaokeanlage erhalten. normales Verjährungsende: 31.12.2025 + 3 Jahre = 31.12.2028 A bittet am 06.01.2026 um Zahlungsaufschub. neues Verjährungsende: 06.01.2026 + 3 Jahre = 06.01.2029
Hemmung der Verjährung = Verlängerung der Verjährung Die Verjährung wird gehemmt - bei Verhandlungen - Zustellung eines Mahnbescheides - Anspruch im Insolvenzverfahren - bei einer Klage - Erlass eines Vollstreckungsbescheides - Stillstand der Rechtspflege	Beispiel: A(21) hat am 14.03.2025 eine Rechnung für seine Karaokeanlage erhalten. normales Verjährungsende: 31.12.2025 + 3 Jahre = 31.12.2028 A erhält am 06.01.2026 einen Mahnbescheid. neues Verjährungsende: Ab dem 06.01.2026 wird die Verjährung solange ausgesetzt, bis eine rechtskräftige Entscheidung getroffen wurde. Die Hemmung endet sechs Monate danach.

Verträge - Übersicht - Kurzerläuterung

Vertrag	*Inhalt*
Miete	... ist die Überlassung einer Sache zum Gebrauch gegen Geld. Der Vermieter verpflichtet sich, dem Mieter das Mietobjekt zum Gebrauch zu überlassen. Der Mieter muss den vereinbarten Mietzins bezahlen und die gemietete Sache nach Beendigung des Mietverhältnisses zurückgeben.
Pacht	... ist die Überlassung einer Sache zum Gebrauch und eigenem Nutzen gegen Geld. Der Verpächter ist verpflichtet, dem Pächter die Pachtsache zum Gebrauch und zur Nutznießung (Erträge) zu überlassen. Der Pächter ist verpflichtet, den vereinbarten Pachtzins zu entrichten und die Pachtsache zurückzugeben.
Leihe	... ist die unentgeltliche Gebrauchsüberlassung einer Sache. Der Verleiher ist verpflichtet, dem Entleiher die Sache unentgeltlich zu überlassen. Der Entleiher gibt dem Verleiher die Sache nach der vereinbarten Zeit zurück.
Darlehen	... bedeutet die Überlassung von Geld oder anderer vertretbarer Sachen mit der Verpflichtung zur Rückerstattung in gleicher Art, Güte und Menge. Hier ist der Verbrauch zulässig, bei der Leihe nur der Gebrauch. Der Darleiher = Darlehensgeber übergibt dem Darlehensnehmer die geschuldete Sache. Der Darlehensnehmer gibt diese Sache in gleicher Art, Güte und Menge zurück. Je nach Vereinbarung sind auch Zinsen zu zahlen.
Dienst-vertrag	... bedeutet die entgeltliche Leistung von Diensten (ohne Erfolgsversprechen) Der Dienstberechtigte muss die vereinbarte Vergütung zahlen. Der Dienstverpflichtete muss die geschuldete Arbeits- und Dienstleistung erbringen.
Werkvertrag	... bedeutet die Herstellung eines Werkes oder Erbringung einer Dienstleistung gegen Geld. Der Unternehmer verpflichtet sich, das Werk herzustellen bzw. die Dienstleistung zu erbringen; er verpflichtet sich weiterhin zum vereinbarten Erfolg. Der Besteller schuldet Abnahme und Bezahlung des erfolgreichen Werkes.
Kaufvertrag	... ist der Erwerb einer Sache/eines Rechts gegen Geld Der Verkäufer verpflichtet sich, die Sache mangelfrei am rechten Ort und zur rechten Zeit zu übergeben und das Eigentum daran zu verschaffen. Der Käufer verpflichtet sich zu bezahlen und anzunehmen.

Verschiebungen der Nachfrage (gesamt)

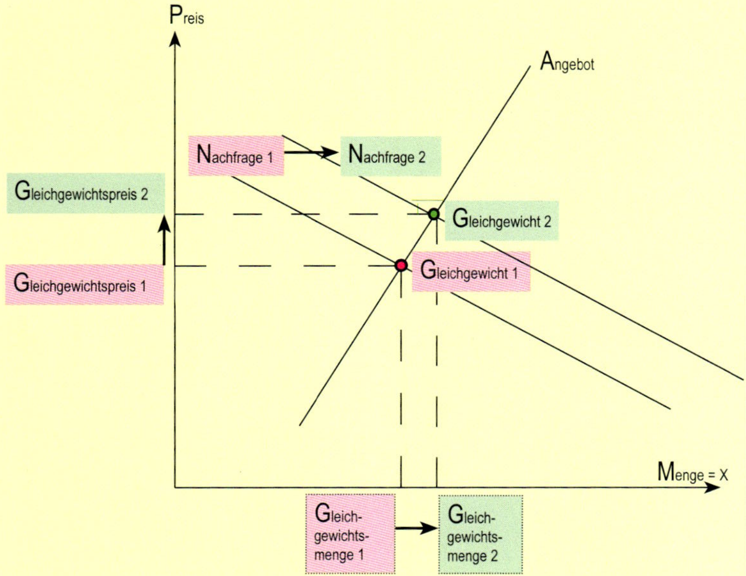

Die Nachfragekurve verschiebt sich nach rechts, wenn

1. sich die Einkommen erhöhen, z. B. durch eine Kindergelderhöhung
2. Substitutionsgüter (Ersatzgüter) teurer werden
3. Komplementärgüter (Ergänzungsgüter) günstiger werden

Dabei verschiebt sich das Gleichgewicht nach rechts mit einer größeren Menge und einem höheren Preis.

Bei jeder anderen Aufgabe zeichnen Sie zunächst eine Parallele zu N (oder auch A). Sie erhalten einen neuen Schnittpunkt. Vergleichen Sie dann die Preise (Mengen) des alten Gleichgewichts mit den Preisen (Mengen)des neuen Gleichgewichts.

(Fast) Alles zu Vertragsvoraussetzungen (§ = BGB)

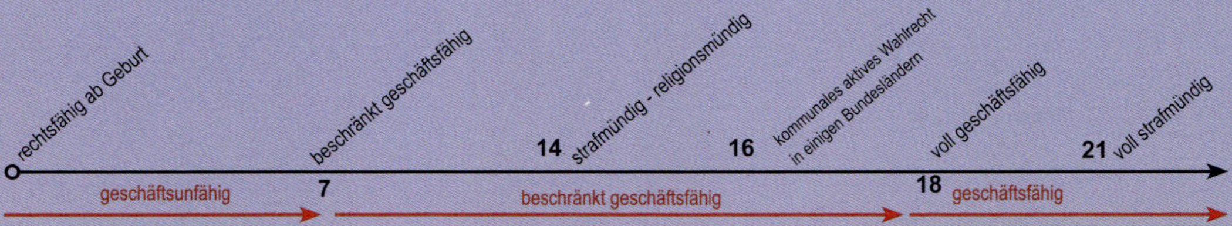

Es darf **nicht** verstoßen werden:

+ gegen gute Sitten (Ausbeutung einer Notlage, Wucher)

+ gegen ein gesetzliches Verbot, z.B. Kauf/Verkauf von Rauschgiften

+ gegen eine Formvorschrift, z.B. müssen Immobilienkäufe notariell beurkundet und in das Grundbuch eingetragen werden; Ehe muss vor einem Standesbeamten geschlossen werden

Vertrag nur mit Einwilligung der Eltern (auch nachträglich)

- Im Rahmen des Taschengeldes §110 eigene Verträge zulässig, aber: **KEINE Zukunftsgeschäfte** - z. B. Ratenkäufe
- selbständiges Erwerbsgeschäft möglich §112
- Arbeitsverhältnis selbständig aufgeben und ein neues suchen, in die Gewerkschaft eintreten etc mgl. als VOLL Geschäftsfähiger § 113

Schwebend (un)wirksame Verträge: Sonderfall bei Verträgen Minderjähriger (7-18), die (noch) keine Einwilligung der Eltern haben und nicht nach Taschengeld§, Erwerbsgeschäft oder Arbeitsverhältnis beurteilt werden können. Mit der (nachträglichen) Genehmigung der Eltern wird der Vertrag rechtswirksam, mit der Nichtgenehmigung bleibt er nichtig.

Es darf **nicht** vorliegen:

+ **I**rrtum
  aber: keine Anfechtung bei Motivirrtum möglich
+ **D**rohung
+ **A**rglistige Täuschung
  Anfechtungszeitraum 30 Jahre
+ Scheingeschäft
+ Scherzgeschäft
  aber: Scherz muss für jeden erkennbar sein!

Anfechtbare Verträge: **I**rrtum + **D**rohung + **A**rglistige Täuschung (IDA-Verträge)
Nichtige Verträge: Alle anderen Verträge, die gegen das Recht verstoßen

99

Vollkommener und unvollkommener Markt

vollkommen = fiktiv, irreal + unvollkommen = real

fehlt nur EINE Voraussetzung ==> unvollkommener Markt

Voraussetzungen für Markt-Vollkommenheit	Beispiele
Es gibt keine Präferenzen + persönliche + zeitliche + sachliche + räumliche	+ persönlich: dort kaufen, wo man jemanden kennt, oder der Werbung folgen + zeitlich: nur abends ab 20 Uhr kaufen + sachlich: Rabatte ausnutzen, Service einbeziehen + räumlich: Standortvorteile nutzen, nur örtliche Anbieter auswählen
Völlige Markttransparenz durch den Homo Oeconomicus, das Wirtschaftsgenie ohne Präferenz	Alle Preise zu jedem Zeitpunkt an jedem Ort für jedes Produkt kennen, Unterschiede klar erkennen können
Die Güter sind homogen (total gleich)	alles hat die gleiche Norm, die gleiche Qualität, die gleichen Inhalte, die gleichen Zusätze...
Die Reaktion der Marktteilnehmer erfolgen praktisch zeitgleich mit jeder Veränderung	Es gibt keine Zeitvorsprünge für Anbieter, die vom Nachfrager erst nach einiger Zeit erkannt werden können. (Vielleicht an der Börse möglich)
Marktgleichgewicht im vollkommenen Markt	Preis entspricht immer den Grenzkosten, Gewinne=0

Vollmachten

Man kann nur Vollmachten **unterhalb** der eigenen Vollmacht erteilen!

Handlung	Unternehmer Geschäftsführer	Prokura nur an natürl. Pers.	Allgemeine HV = General-V	Artvollmacht = Teilvollmacht	Spezialvollmacht = Einzelvollmacht
		Eintragung ins HR = deklaratorisch	keine Eintragung ins Handelsregister		
Eid leisten Steuererklärung unterschreiben Handelsregister-Eintragungen vornehmen Konkurs anmelden Geschäft verkaufen Prokura erteilen Gesellschafter aufnehmen Bilanz/Inventar unterschreiben		Einzel-P: kann allein unterschreiben Gesamt-P: mindestens 2 Prokuristen unterschreiben	V für alle gewöhnlichen Geschäfte des U, in dem er arbeitet Gesamt-HV: mindestens 2 entscheiden zusammen	V für nur eine Art im Geschäftsleben, z. B. Einkauf oder Verkauf Asien...	Einzel-V für meist nur EINEN Abschluss
Grundstücke belasten oder verkaufen		mit Sondervollmacht möglich			
Grundstücke kaufen Handlungs-Vollmacht erteilen Prozesse führen Darlehen aufnehmen Wechselverbindlichkeit unterschreiben			mit Sondervollmacht möglich		
Zahlungsgeschäfte erledigen Produkte verkaufen Mitarbeiter einstellen Mitarbeiter entlassen				mit Sondervollmacht möglich	
Kaffee einkaufen - Post abholen u.ä.					mit Sondervollmacht möglich
Unterschriftszusatz		ppa oder pp	iV oder iA (rechtlich gleich, betrieblich geregelt)		

102
Einfacher Wirtschaftskreislauf
Wir liefern unsere Arbeit, unser Kapital, unser Know-how und unsere Grundstücke
Dafür erhalten wir Löhne und Gehälter, Zinsen und Einkommen
Geldstrom
Güterstrom
Dafür erhalten die Unternehmen von uns Geld
Die Unternehmen liefern uns Güter und Dienstleistungen

Wirtschaftskreislauf mit Bank und Staat

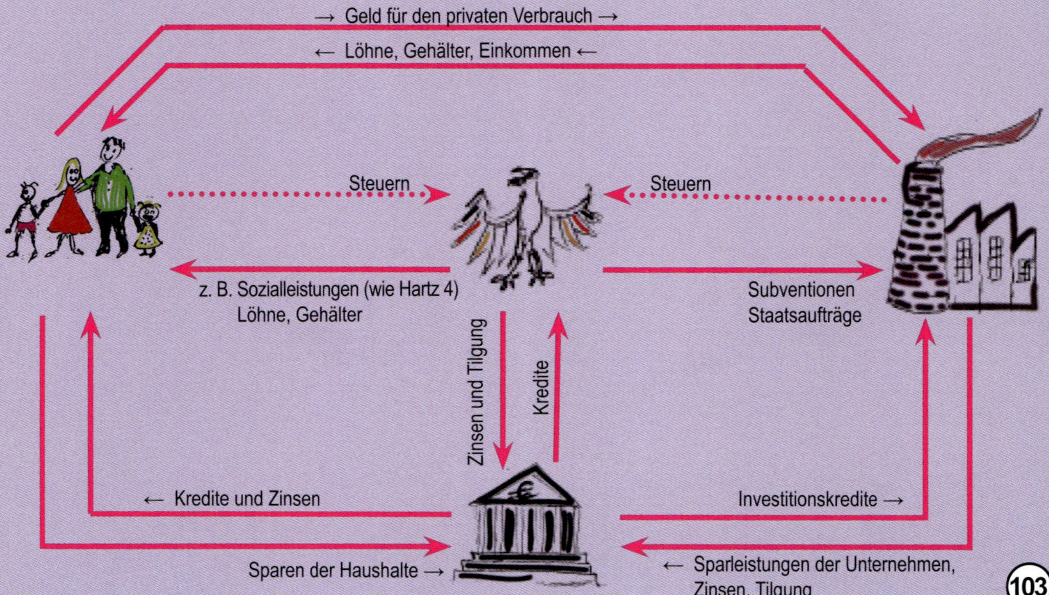

103

Zahlungsverzug (Nicht-Rechtzeitig-Zahlung) *(vereinfacht)*

Voraussetzungen	Rechte des Verkäufers	Schadenermittlung
1. Nichtzahlung trotz Fälligkeit 2. Mahnung - nicht erforderlich bei kalendermäßig bestimmten Terminen 3. Verschulden	1. Auf Vertrag bestehen = Erfüllung 2. Erfüllung + Schadenersatz 3. Vom Vertrag zurücktreten 4. Zurücktreten + Schadenersatz	• Zinsen ab Fälligkeit für zweiseitige Handelskäufe Basiszins* Bundesbank (07/2025 = 1,27 %) + 9 % sonst (1,27 %) + 5 % • Verwaltungskosten • Mindererlös bei Weiterverkauf *(ändert sich halbjährlich)
Beispiele „kalendermäßig bestimmt": zahlbar bis zum 15.12.2025 zahlbar bis Ende Dezember 2025 zahlbar bis Mitte Dezember 2025 zahlbar 14 Tage nach Rechnungsdatum	Beispiele „kalendermäßig unbestimmt": zahlbar ab 15.12.2025 zahlbar sofort zahlbar 14 Tage nach Rechnungseingang	Der Kunde gerät automatisch 30 Tage nach Rechnungseingang in Verzug, wenn das Zahldatum unbestimmt war. Bei einseitigen Handelskäufen muss darauf besonders hingewiesen werden. Problematisch: Rechnungseingang muss bewiesen werden.

Verjährungsfristen ==> eigene Seite

Eigene Ergänzungen

Eigene Ergänzungen

Stichworte nach Alphabet

Stichworte nach Alphabet

Stichworte nach Alphabet

Stichworte nach Alphabet

CHECK IT – BÜROMANAGEMENT-PRÜFUNG –

9 783955 327019

u-form.de

ISBN 978-3-95532-701-9

4. Auflage 2026

u-form